HINA FRUH

Die Kraft der Selbstvergebung

Wie wir uns bedingungslos lieben lernen

QUALITÄTS G|U GARANTIE

DIE GU-QUALITÄTSGARANTIE

Wir möchten Ihnen mit den Informationen und Anregungen in diesem Buch das Leben erleichtern und Sie inspirieren, Neues auszuprobieren. Bei jedem unserer Produkte achten wir auf Aktualität und stellen höchste Ansprüche an Inhalt, Optik und Ausstattung.
Alle Informationen werden von unseren Autoren und unserer Fachredaktion sorgfältig ausgewählt und mehrfach geprüft. Deshalb bieten wir Ihnen eine 100%ige Qualitätsgarantie.

Darauf können Sie sich verlassen:
Wir legen Wert darauf, dass unsere Gesundheits- und Lebenshilfebücher ganzheitlichen Rat geben.
Wir garantieren, dass:
- alle Übungen und Anleitungen in der Praxis geprüft und
- unsere Autoren echte Experten mit langjähriger Erfahrung sind.

Wir möchten für Sie immer besser werden:
Sollten wir mit diesem Buch Ihre Erwartungen nicht erfüllen, lassen Sie es uns bitte wissen! Nehmen Sie einfach Kontakt zu unserem Leserservice auf. Sie erhalten von uns kostenlos einen Ratgeber zum gleichen oder einem ähnlichen Thema. Die Kontaktdaten unseres Leserservice finden Sie am Ende dieses Buches.

GRÄFE UND UNZER VERLAG. *Der erste Ratgeberverlag – seit 1722.*

KGS

Ankommen bei sich selbst

Von Selbstzweifeln zur Selbstakzeptanz

Endlich Ja zu sich sagen

Das eigene Leben bewusst gestalten

Vorwort von Colin Tipping

Seit 1997 hat die von mir entwickelte Methode der Radikalen Vergebung – heute bekannt als die Tipping-Methode – weltweit viele Menschen inspiriert, sich mit diesem Thema auf eine völlig neue Art und Weise auseinanderzusetzen und eine neue Sichtweise auf die ungelösten Themen des Lebens einzunehmen. Das ist es, was diese Methode so radikal macht: Sie ist **grundlegend anders als bisherige Herangehensweisen,** und dies macht auch ihre hervorragende Wirkung aus.

Als 2004 die deutsche Ausgabe meines Buchs »Ich vergebe. Der radikale Abschied vom Opferdasein« erschien, war ich der Überzeugung, dass meine Methode das Thema Selbstvergebung selbstverständlich mit einschließt. Denn was auch immer wir in jemand anderem sehen, ist eine **Spiegelung dessen, was in uns ist.** Dies gilt sowohl für die positiven wie auch die negativen Dinge.

Und dennoch haben mir viele Anfragen aus aller Welt gezeigt, dass ein großer Teil der Menschen, die bereit waren, anderen zu vergeben, Mühe hatten, diese neue Sichtweise auch auf sich selbst anzuwenden. Zweifel und Selbstkritik sind oft stark in uns verankert, und wir bestätigen uns selbst permanent darin, nicht gut genug oder nicht liebenswert zu sein.

Deshalb habe ich 2009 ein Buch über Radikale Selbstvergebung geschrieben. **Es dringt zum innersten Kern des Problems vor,** nämlich zu jenen Persönlichkeitsanteilen in uns selbst, die unseren Selbstwert immer wieder infrage stellen und unser Potenzial für persönliches und spirituelles Wachstum immer wieder sabotieren.

Hina Fruh, die Autorin dieses praktischen Buches zum Thema Selbstakzeptanz, vertritt seit 2005 meine Methode in den deutschsprachigen Ländern, und in vielen gemeinsamen Vorträgen und Seminaren habe ich ihre **einfühlsame und kompetente Art** schätzen gelernt. Ihre 25-jährige Erfahrung in der Arbeit mit Menschen ist ebenso spürbar wie ihre liebevolle und aufmerksame Zuwendung für jeden einzelnen Seminarteilnehmer. Ich freue mich deshalb besonders, dass Hina nun ein Praxisbuch zum Thema Selbstakzeptanz vorlegt, und bin sicher, dass es Ihnen starke Impulse geben wird und Sie die praxistauglichen Übungen schätzen werden. Es wird Ihnen helfen, sich von Altlasten zu befreien, sich Ihres wahren Wesens bewusst zu werden und **mit Energie und Lebensfreude Ihr Leben zu gestalten.** Dies kommt nicht nur Ihnen selbst zugute, denn jeder Mensch, der innerlich befreit, kraftvoll und voller Selbstvertrauen seinen Weg geht, ist ein Gewinn für diese Welt!

Ihr

Ankommen bei sich selbst

»Wenn wir uns selbst mit allen Aspekten unseres Menschseins annehmen und lieben können, entfaltet sich unsere ganze Kraft.« Dieser Satz von Colin Tipping könnte das Motto dieses Buches sein. Es bietet einen Weg, genau dahin zu kommen: **zur vollkommenen Akzeptanz des eigenen Wesens.** Viele praktische Anregungen ermöglichen es dir, deinen eigenen Schatten- wie auch Lichtseiten zu begegnen und eine tiefe Annahme deines Selbst zu erreichen. Dadurch wirst du nicht perfekt und wirst auch künftig nicht alle Herausforderungen mühelos meistern. Du erhältst aber **eine wertvolle Kraftquelle** für dein Leben: das Vertrauen in dich selbst, die Akzeptanz deiner Person – mit allen Schwächen und Stärken! Bevor du dich auf diesen lohnenden Weg machst, dich selbst mit allem, was zu dir gehört, in die Arme zu schließen, schauen wir in diesem ersten Kapitel zunächst einmal, wo du in Sachen Selbstakzeptanz momentan stehst.

Selbstliebe als Kraftquelle

Wenn wir Menschen, denen es anhaltend gut geht, fragen, woraus sie ihre Kraft schöpfen, zeigen die Antworten meist eine wichtige Übereinstimmung: Diese Menschen nehmen sich regelmäßig Zeit für sich. Dabei ist es egal, ob sie diese Zeit mit Spazierengehen, Sport, Meditation oder einer Tasse Tee verbringen – entscheidend ist, dass sie sich die Begegnung mit sich selbst erlauben. In unserer Welt ist es allerdings weitverbreitet, genau dies zu vermeiden.

Begegne dir selbst

Wenn wir uns selbst begegnen, stoßen wir nicht nur auf unsere Lichtaspekte, also auf die Teile unseres Wesens, die wir akzeptieren und die wir der Welt gern zeigen, sondern auch auf die sogenannten Schattenaspekte. Wir begegnen also auch unseren Ängsten, unseren Unzulänglichkeiten und unseren Selbstzweifeln. Dies macht vielen Menschen Angst, und sie vermeiden daher diese Begegnung, indem sie sich in Aktivitäten flüchten, die sie ablenken und damit von sich wegbringen. Sie suchen nach Bestätigung und Liebe im Außen, um den inneren Unsicherheiten zu entgehen. Doch dort findet sich selten die Lösung für unsere Probleme.

Die Beschäftigung mit unseren Schattenaspekten ist hingegen sehr lohnenswert. Wenn wir lernen, uns mit unseren Unzulänglichkeiten zu akzeptieren und dabei durchaus auch eine selbstkritische Reflektion mit einbeziehen, dann kann sich unsere ganze Kraft und unser gesamtes Potenzial entfalten.

Wirkliche Tiefe entsteht, wenn wir das Bewusstsein entwickeln: Es gibt etwas in mir, das bedingungslos Ja zu mir selbst sagt, etwas, das mich liebt, genau so wie ich bin. Damit verknüpft sich ein Gefühl des Nachhausekommens. Wir sind

in Verbindung mit unserer Seele, unserem innersten Wesenskern. Sind wir in so einer liebevollen Beziehung zu uns selbst, können wir auch wahrhaftige Beziehungen im Außen leben und anderen Menschen mit echter Freundlichkeit und Liebe begegnen.
Wenn wir mit unserem inneren Wesen in Verbindung sind, finden wir unseren Platz in der Welt und genießen die Freude, die aufkommt, wenn wir das leben, was wir uns von der Seelenebene aus vorgenommen haben.

»Liebe deinen Nächsten wie dich selbst«

Dieser Satz aus der Bibel hat mich schon als junge Frau zum Nachdenken gebracht. Denn mir fiel auf, wie schwer es den meisten Menschen fällt, sich selbst zu lieben. Wie aber sollen sie dann andere Menschen wirklich lieben können? So viele Menschen haben Unsicherheiten und Selbstzweifel. Das gilt übrigens für Frauen wie Männer gleichermaßen, auch wenn diese unterschiedlich damit umgehen.

Jeder hat andere Selbstzweifel

Bei Frauen ist der eigene Körper oft ein von ihnen sehr kritisch betrachteter Bereich. Kaum eine Frau, die mir bei meiner Arbeit als Therapeutin begegnet, ist mit ihrem Aussehen und ihrem Körper zufrieden und fühlt sich damit wohl. Dadurch ist bereits eine wichtige Basis mit Zweifeln belegt, denn mit unserem Körper sind wir natürlich im Privatleben wie auch im Beruf tagtäglich präsent. Kommen dann noch andere Unsicherheiten hinzu, fühlen wir uns schnell unzulänglich oder überfordert.
Männer hingegen lernen sehr früh, Unsicherheiten zu ignorieren oder zu überspielen. Sie definieren sich über Bestätigung und Anerkennung im Außen, meist im beruflichen Bereich. Tief im Inneren haben aber auch viele Männer Selbstzweifel, die sich dann in kritischen

Situationen bemerkbar machen. Bereiche großer Unsicherheiten sind oft Beziehung und Sexualität. Für beide, Männer wie Frauen, ist es in den meisten Fällen ein weiter Weg zur vollkommenen Annahme ihrer selbst. Doch genau diesen Weg wollen wir hier mit diesem Buch gemeinsam gehen.

Ein kleiner Test

Schätze gleich hier am Beginn einmal ein, wo deine momentane Selbstakzeptanz auf einer Skala von 1 (fast nicht vorhanden) bis 10 (vollkommen ausgeprägt) liegt.

Die Kraftquelle erschließen

Dies ist ein echtes Praxisbuch. Am meisten profitierst du davon, wenn du dich auf die Übungen einlässt und sie auch tatsächlich durchführst. Hilfreich für deine ganz persönliche Forschungsreise ist ein schönes Notizbuch, in das du die Ergebnisse deiner »Forschungsübungen« einträgst.

Denn das sind viele der in diesem Buch vorgestellten Prozesse: Erforschungen deines Selbst, ein immer besseres Verständnis von allem, was dich ausmacht. Dazu gehören deine Ängste genauso wie deine Sehnsüchte, deine Stärken und deine besonderen Qualitäten.

Vollkommene Selbstannahme ist kein »Ich kann alles!«-Mantra. Selbstannahme ist eine kontinuierliche Bewusstwerdung, die dich immer mehr in die Lage versetzt, dich mit allen Persönlichkeitsanteilen, mit allen Höhen und Tiefen deiner Geschichte zu akzeptieren und zu lieben. Dadurch wird sehr viel Kraft in dir frei, dein Potenzial lebt und blüht auf, und du erhältst tatsächlich die unvergleichliche Chance, all deine tiefen Herzenswünsche zu realisieren.

Wenn du die Übungen dieses Buches für dich nutzt, wirst du am Ende einen anderen Menschen im Spiegel sehen.

Der Weg zur Selbstakzeptanz

Es ist ein Weg der Selbsterforschung, den wir hier beginnen. Und glücklicherweise sind ihn einige Menschen bereits vor uns gegangen, sodass wir uns an ihnen orientieren können. Insbesondere Colin Tipping hat mit seiner Methode bereits wertvolle Spuren gelegt, denen wir – auf unsere individuelle Weise – folgen wollen.

Ankommen bei dir

Viele Bücher beschreiben sehr gut, wie es dazu kommt, dass wir uns selbst oft ablehnen, kritisieren und uns nicht wohlfühlen in unserer Haut. Was ich dabei oft vermisse, sind Hilfestellungen, wie wir mit dem Erkannten umgehen können und tatsächlich immer mehr in die Selbstliebe hineinwachsen. In meiner Praxis und in meinen Seminaren lege ich großen Wert darauf, Werkzeuge anzubieten, die auch im Alltag angewendet werden können und auch dann wirksam sind, wenn man zu Hause ganz allein damit arbeitet.

Zu meiner Person

Lass mich an dieser Stelle ein paar Worte über mich sagen, denn auch mein Weg war und ist einer des Lernens vollkommener Selbstakzeptanz. Ich arbeite seit über zwanzig Jahren als Körper- und Psychotherapeutin und biete Seminare im Bereich der persönlichen Entwicklung an. Die letzten Jahre waren schwerpunktmäßig dem Thema Vergebung gewidmet. Denn immer wieder konnte ich bei mir selbst und in der Begleitung von Menschen feststellen, dass in den alten Wunden viel Energie gebunden ist. Verletzungen, unbewältigter Ärger und Selbstzweifel kosten uns – selbst wenn sie im Laufe der Zeit verblassen – Kraft. Und die fehlt uns, wenn es darum geht, für unsere Sache, für uns einzustehen.

In der Auseinandersetzung mit dem Thema Vergebung habe ich erkannt, dass es auch mir sehr viel leichter fällt, anderen Menschen zu vergeben als mir selbst. Ich war früher davon überzeugt, keine Fehler machen zu dürfen. Dies hat mein Leben unglaublich anstrengend werden lassen. Ich war immer bemüht, alles »richtig« zu machen, aber natürlich konnte ich nicht vermeiden, dass ich mal etwas vergaß, mir etwas misslang oder ich mich einfach unbedacht verhielt. Doch anstatt dies als menschliches Verhalten zu akzeptieren, habe ich mich dafür in den meisten Fällen kritisiert und abgelehnt.
Durch den Klärungsprozess, den ich mit Colin Tippings Vergebungsmethode durchlaufen habe (und der auch die Grundlage dieses Buches darstellt), konnte die Perfektionistin in mir befriedet werden und ich konnte immer mehr die Geschenke erkennen, die meine vermeintlich schlechten Eigenschaften bereithielten.

Der wahre Wesenskern

Im Lauf meines Lebens bin ich vielen verschiedenen Lehrern begegnet. Ich habe viel von ihnen gelernt, sie haben mich dabei unterstützt, meinen Weg zu gehen und mein Potenzial zu entfalten. Ich bin ihnen und allen Menschen, die mich auf meinem Weg begleitet haben, zutiefst dankbar.
In einem Song der amerikanischen Musikerin Karen Taylor Good heißt es aber auch treffend: »I couldn't have done it without me«, also »Ohne mich hätte ich das nicht tun können.« Und deshalb danke ich auch mir, dass ich diesen Weg gegangen bin. Dass ich mir immer wieder neue Impulse geholt habe, um dranzubleiben, weiterzugehen und immer mehr bei mir anzukommen.
Denn ist es nicht das, worum es letztendlich geht? Bei sich selbst ankommen, sein wahres Wesen leben. Ich bin zutiefst überzeugt davon, dass dieses wahre Wesen in jedem von uns schlummert, heil,

ganz und unverletzbar. Und wenn du zu diesem Buch gegriffen hast, ist es vielleicht auch in dir jetzt bereit, aufzuwachen und sich zu seiner vollen Größe zu erheben. Du musst lediglich die Schichten abtragen, die sich im Lauf des Lebens darübergelegt haben.

Ein Weg der Praxis

Ich teile meine Erkenntnisse und Erfahrungen mit dir hier in dem Wunsch, dass sie auch dich auf deinem Weg zu innerem Frieden begleiten mögen. Du findest in diesem Buch all das, was für mich und die vielen Menschen, die ich in meiner Praxis und meinen Seminaren begleitet habe, funktioniert. Es hat mich selbst und viele andere bereits dabei unterstützt, bei sich anzukommen, aus der Tiefe des eigenen Seins Ja zu sich sagen zu können und sich mit allen Aspekten des eigenen Wesens anzunehmen. Indem du diese Anregungen in dein Leben integrierst, gewinnst du Schritt für Schritt die Verantwortung für dein Leben zurück, erfährst mehr Lebensqualität und Freude und bringst dein Wesen immer mehr zum Ausdruck.

Unser gemeinsamer Weg

Ich habe mich in der Ansprache für das Du entschieden, denn in diesem Buch geht es um dich ganz individuell. Und auch wenn ich dich nicht persönlich kenne, ist es mir doch ein wirkliches Anliegen, über meine Gedanken, meine Worte und Anleitungen in eine Beziehung mit dir zu treten.
So wie ein Höhlenforscher sich die Stirnlampe aufsetzt und sich voll Vertrauen und Neugier in die Tiefe begibt, so bist auch du jetzt eingeladen, eine Reise in deine eigenen Tiefen zu beginnen. Dieses Buch will dich dabei begleiten, motivieren und unterstützen, sodass du am Ende dieser Forschungsreise freudestrahlend und selbstbewusst im Leben stehen und sagen kannst: »Schaut her, das bin ich!«

Wo stehst du gerade?

Um dich selbst annehmen zu können, musst du dir zuerst bewusst werden, wo du stehst. Nimm dir daher die Zeit und geh die folgenden Aussagen in Ruhe durch. Sei ehrlich mit dir selbst und antworte jeweils ganz spontan. Oft ist der erste Impuls der richtige.

Test: Wie steht es um die Selbstakzeptanz?

Lies die folgenden Aussagen durch und entscheide, inwieweit sie auf dich zutreffen. Trage dann jeweils eine Zahl zwischen 0 und 5 in das entsprechende Feld ein.

5 Punkte: trifft immer zu
4 Punkte: trifft meistens zu
3 Punkte: trifft oft zu
2 Punkte: trifft manchmal zu
1 Punkt: trifft selten zu
0 Punkte: trifft gar nicht zu

Bereich Selbstakzeptanz

Ich bin unzufrieden mit meinem Aussehen. ☐
Ich fühle mich oft unfähig. ☐
Ich bin nicht liebenswert. ☐
Ich neige dazu, mich schuldig zu fühlen. ☐
Ich bin oft unzufrieden mit mir und meinem Leben. ☐
Ich bin ungeduldig mit mir und anderen. ☐
Ich setze mich oft ziemlich unter Druck. ☐
Ich bin mir selbst gegenüber sehr kritisch. ☐
Ich habe Angst davor, Fehler zu machen. ☐
Es fällt mir schwer, Entscheidungen zu treffen. ☐
Ich fühle mich tendenziell schwach und kraftlos. ☐
Ich bin nicht gut genug. ☐
Ich habe es nicht verdient, glücklich zu sein. ☐

Summe: ☐

Bereich Kontakte

Selbstbewussten Menschen fühle ich mich unterlegen.
Ich kann nicht vor vielen Menschen sprechen.
Ich meide den Kontakt zu anderen möglichst.
Ich finde oft nicht die passenden Worte.
Ich kann Hilfe nur sehr schwer annehmen.
Wenn ich mich so zeige, wie ich wirklich bin, werde ich nicht geliebt.
Ich schäme mich oft.
In Gruppen fühle ich mich meist unwohl.
Bei Konflikten gebe ich immer nach.
Ich fürchte, dass andere meine Schwächen sehen.
Es fällt mir schwer, Fehler einzugestehen.

Summe:

Bereich Lebensanschauung

Es fällt mir schwer, Verantwortung zu übernehmen.
Ich tue Dinge, obwohl sie nicht gut für mich sind.
Ich bin nicht wichtig für andere Menschen.
Nur wenn ich etwas leiste, werde ich geliebt.
Das Leben ist ungerecht.
Anderen geht es viel besser als mir.
Andere sind erfolgreicher, glücklicher, schöner als ich.
Die Anerkennung anderer ist mir sehr wichtig.
Menschen lassen mich immer im Stich.
Ich komme immer zuletzt.
Es ist gefährlich, meine Meinung zu sagen.

Summe:

Gesamtpunktzahl:

Die Auswertung

Den Test kannst du auf zwei Ebenen auswerten. Zuerst ist die Gesamtpunktzahl interessant.

Die Punktzahl insgesamt

0 bis 35 Punkte

Glückwunsch! Du bist mit dir und deinem Leben zufrieden. Du ruhst meist in dir und hast ein gutes Selbstvertrauen. Du kannst dieses Buch entweder verschenken oder es nutzen, um noch neue Facetten von dir zu entdecken.

36 bis 85 Punkte

Obwohl du im Alltag ein recht gutes Selbstbewusstsein hast, gibt es gelegentlich Situationen, in denen du dich unsicher oder unzureichend fühlst. Das ist völlig normal. Dieses Buch unterstützt dich gezielt dabei, deine Selbstakzeptanz und dein Selbstwertgefühl noch weiter zu steigern.

86 bis 128 Punkte

Dir geht es so wie vielen: Obwohl du vermutlich dein Leben gut meisterst, fühlst du dich öfter unsicher und bist immer wieder mit dir unzufrieden. Durch die Übungen hier findest du heraus, was deinem Glück noch im Weg steht. Sie führen dich zu einem neuen Selbstbewusstsein. Du wirst feststellen, dass du viel liebenswerter bist, als du vielleicht im Augenblick denkst.

Über 129 Punkte

Das Leben erscheint dir mühevoll und du hast offenbar wenig Vertrauen in dich selbst. Aber du hast bereits einen wichtigen ersten Schritt zur Veränderung deines Lebens getan und dieses Buch gekauft. Nun kannst du nach und nach erkennen, dass du zu viel mehr fähig bist, als du dir bisher zugetraut hast. Du kannst lernen, dich selbst immer mehr zu akzeptieren. Lass dich durch Rückschläge nicht entmutigen – negative Erfahrungen verschwinden nicht einfach, sondern werden durch positive »überschrieben«. Dies benötigt Zeit und etwas Geduld.

Die drei Bereiche

Nun schau für dich, in welchem Bereich du besonders viele Punkte hast und was dir dies sagen kann.

Bereich Selbstakzeptanz

Eine hohe Punktzahl hier bedeutet, dass du dich selbst oft in Frage stellst. Besonders die Übungen, die mit dem Begriff »Reflexion« überschrieben sind, werden dir dabei dienen, ein positives Selbstbild zu entwickeln und dein Vertrauen in dich zu stärken.

Bereich Kontakte

Wie begegnest du anderen? Das kann ein spannender Prüfstein auf dem Weg zu mehr Selbstakzeptanz sein. Lass dich überraschen, wie verändert die Menschen auf dich reagieren werden, wenn du die Übungen im Buch gemacht hast.

Bereich Lebensanschauung

Diese Aussagen geben Aufschluss über dein Konzept davon, »wie das Leben ist«. In Kapitel 2 hast du die Gelegenheit, deine Überzeugungen diesbezüglich noch weiter zu erforschen. Und danach lernst du, einschränkende Glaubenssätze zu transformieren. Damit bekommst du ein mächtiges Werkzeug in die Hand, um dein Leben bewusst und selbstbestimmt zu gestalten und dir deine Träume zu erfüllen.

Wie geht es jetzt weiter?

Die Tipping-Methode – insbesondere in der von mir erweiterten Form, die ich dir in diesem Buch vorstelle – unterstützt Menschen wie kaum ein anderes Werkzeug dabei, schnell und zuverlässig Belastendes in Ressourcen zu verwandeln und mit sich in Frieden zu kommen. Diese Selbstentdeckung ist eine lohnenswerte Forschungsreise! Gestalte sie auf deine ganz individuelle Weise.

Von Selbstzweifeln zur Selbstakzeptanz

Selbstablehnung hat viele Ursachen – und zum Glück gibt es auch **viele Wege, sie zu heilen.** Es ist ein zutiefst menschliches Bedürfnis, mit sich selbst im Frieden zu sein. Und dennoch gelingt es den wenigsten, dies tatsächlich zu leben. Dabei ist es gar nicht schwer: Würden wir uns die Zeit nehmen, um nach innen zu lauschen, dann würden sich **unsere wahren Bedürfnisse** sehr schnell zeigen. Doch warum tun wir es nicht? Wir hasten hierhin und dorthin, immer in Eile, getrieben von einer inneren Unruhe. Was hindert uns daran, **innezuhalten, zur Ruhe zu kommen** und die eigenen Bedürfnisse zu erkennen? Sei es dir endlich wert: Nimm dir die Freiheit und nutze deine Möglichkeiten.

Bevor wir uns gleich mit den ganz praktischen Grundlagen des Weges zur vollkommenen Selbstakzeptanz beschäftigen, wollen wir einen Blick darauf werfen, wie wir zu dem geworden sind, was wir gegenwärtig sind.

Die Wurzeln der Selbstablehnung

Die meisten von uns wuchsen in einem Umfeld auf, in dem es nicht um das Individuelle, Ureigene eines jeden ging, sondern eher um Fragen wie: »Was denken die anderen?«, »Wie muss ich mich verhalten, um geliebt und anerkannt zu werden?« oder gar: »Werde ich überhaupt wahrgenommen?«

Das Kind in uns

Schon als kleine Kinder lernen wir aufgrund der Reaktionen unserer Eltern und anderer Menschen in unserem Umfeld, welches Verhalten erwünscht ist, wofür wir Anerkennung und Liebe bekommen. Und wir lernen, oft schmerzhaft, mit welchen Verhaltensweisen wir abgelehnt und zurückgewiesen werden. Dies führt dazu, dass wir uns in unserem natürlichen Selbstausdruck stark einschränken, uns unserem Umfeld anpassen und Überzeugungen über uns entwickeln, die oft unzutreffend sind. Damals hatten wir keine andere Wahl. Denn es galt, in einem manchmal recht schwierigen Umfeld zurechtzukommen. Wir machten das Beste daraus und passten uns an. Mit zunehmendem Alter haben wir dann vielleicht einige der übernommenen Normen infrage gestellt, ja vielleicht sogar dagegen rebelliert. Doch tief in unserem Inneren gibt es immer noch das kleine Kind, das sich verunsichert und vielleicht sogar bedroht fühlt und Angst hat, zurückgewiesen zu werden.

Das eigene Wesen zeigen

Kennst du die Überzeugung: »Wenn ich mich so zeige, wie ich wirklich bin, werde ich nicht geliebt«? Diese Einstellung führt dazu, dass wir unser wahres Selbst verstecken und uns anpassen in dem Glauben: »Um geliebt zu werden, muss ich jemand anderes sein, als ich eigentlich bin.« In der Folge fühlen wir uns isoliert und abhängig von der Meinung anderer. Wir gehen Kompromisse ein, die uns nicht guttun, und entfernen uns immer mehr von uns selbst.

In Wahrheit geht es aber nicht darum zu versuchen, jemand anderes zu sein. Heilung geschieht, indem wir immer mehr zu der Person werden, die wir wirklich sind, und uns erlauben, unser authentisches Selbst zum Ausdruck zu bringen.

Vom äußeren hin zum inneren Eindruck

Im Vordergrund stehen dann nicht mehr die Fragen: »Wie sehe ich aus?«, »Wie wirke ich?« Sondern: »Was entspricht mir wirklich?« Und: »Wie bringe ich das, was in mir ist, zum Ausdruck?« Wir werden unabhängiger von der Meinung anderer und vertrauen mehr und mehr uns selbst.

Dabei wirst du eine überraschende und zudem sehr schöne Feststellung machen: Je mehr du diesem Weg folgst, desto mehr wirst du Menschen anziehen, die an deinem wahren Wesen interessiert sind!

Selbsterforschung

Wir verfolgen in diesem Buch einen ganz praktischen Weg hin zur Selbstakzeptanz. Dafür ist es wichtig, sich selbst genauer unter die Lupe zu nehmen und nach und nach zu erkennen, wie wir uns selbst sehen und mit uns umgehen. Mit dieser Selbsterforschung wollen wir gleich hier beginnen, auch wenn es in diesem Kapitel vorwiegend um theoretische Hintergründe geht. Dies gleich mit der Praxis zu verbinden, ist sehr effizient – dir wird umso mehr an deinem eigenen Verhalten auffallen.

Für die Praxis

Es ist hilfreich, dir für all die Forschungsübungen in diesem Buch einen Platz zu schaffen, an dem du dich wohlfühlst und an dem du ungestört bist. Vielleicht magst

GRUNDLAGEN

du dir eine Kerze anzünden oder eine entspannende Musik auflegen. Dann nimm dieses Buch, dein Forschungs-Notizbuch und einen Stift und mach dich auf die Reise zu dir selbst. Atme einige Male tief durch, um etwas zur Ruhe zu kommen, und führe dann die Übungen durch. Wenn es darum geht, sich selbst Fragen zu stellen, dann lass dir Zeit, die Antworten aus deinem Inneren auftauchen zu lassen. Vertraue dem, was sich dir an Gedanken und Gefühlen zeigt.

Reflexion: Bestandsaufnahme

Lass ein paar Situationen vor deinem inneren Auge auftauchen, in denen du dich wohlfühlst und ganz zufrieden bist.
Jetzt lass auch Situationen auftauchen, die es dir schwer machen, dich selbst in Liebe anzunehmen. Vielleicht hast du schon bemerkt, wie kraftlos dich solche Momente machen? Das ehrliche Hinschauen und Spüren ist der erste Schritt, um die Energie wieder ins Fließen zu bringen.
Nimm jetzt dein Forschungsbuch zur Hand und trage deine Antworten auf die folgenden Fragen dort in Ruhe ein:

* In welchen Situationen fühle ich mich wohl?
* In welchen Momenten bin ich mir selbst gegenüber besonders kritisch? Wann fällt es mir schwer, mich anzunehmen? Eher beruflich oder privat?
* Was denke ich über mich, wenn ich gestresst bin? Wie behandele ich mich dann?
* Wie verhalte ich mich, wenn ich anerkannt und geliebt werden will?

Notiere spontan alles, was dir in den Sinn kommt. Falls dir bei der einen oder anderen Frage nichts einfällt, ist das auch okay.

Unsere Überzeugungen

Wir forschen gleich weiter. Denn Überzeugungen bestimmen unser ganzes Leben. Sie sind an sich weder gut noch schlecht, sondern das, was sie sind: Etwas, wovon man glaubt, dass es so ist. Deshalb werden sie auch Glaubenssätze genannt. Jeder Mensch hat in seinem Leben Unmengen von Überzeugungen von seinem Umfeld – den Eltern, Lehrern, Freunden, Medien – übernommen. Je älter wir werden, desto mehr erschaffen wir uns daraus unser eigenes Glaubenssystem. Leider geschieht dies meist unbewusst.

Wir erleben unsere Überzeugungen als wahr, wir identifizieren uns damit, und unsere Handlungen werden von diesem Filter geprägt. Er wirkt wie eine gefärbte Brille, durch die wir unwillkürlich alles auf eine ganz bestimmte Art wahrnehmen. Die Redensart von der »rosaroten Brille« bringt das treffend zum Ausdruck. Wenn wir verliebt sind, sehen wir alles rosarot. Und wenn sich eine Liebe dem Ende zuneigt, ist eher Grau aus diesem zarten Rosa geworden.

Mit welcher »Brille« gehst du durchs Leben?

Welche Überzeugungen haben dich geprägt? Nur selten überprüfen wir eine Überzeugung und klären für uns, ob diese in unserem Leben hilfreich ist oder eher behindernd. Einschränkend ist beispielsweise: »Das kann ich sowieso nicht«, »Das verstehe ich nie« oder auch »Das kann X viel besser als ich!« In jedem Fall nehmen sie uns Mut und Selbstvertrauen, kosten Kraft und sind unnötiger Ballast.

Eine Überzeugung, die manche in sich tragen, lautet: »Ich habe keine Ahnung von Technik.« Dies führt dazu, dass es diesbezüglich von vornherein eine Blockade gibt und diejenigen dann tatsächlich die einzige zur Verfügung stehende Anschlussbuchse ihres MP3-Players nicht finden. Deine Überzeugungen zu kennen und auch festzustellen,

GRUNDLAGEN

ob eine Überzeugung dir tatsächlich entspricht oder ob du sie unbewusst übernommen hast, ist ein wichtiger Schritt zu einem selbstbestimmten Leben. Die folgende Übung hilft dir dabei. Lass dir dafür ein wenig Zeit und vertraue darauf, dass dir die wesentlichen Glaubenssätze einfallen werden, wenn du dich entspannt öffnest.

Reflexion: Meine Überzeugungen

* Frage dich: »Welche Überzeugungen habe ich in Bezug auf mich selbst?« Einige Beispiele für mögliche Überzeugungen: Ich bin es nicht wert, geliebt zu werden. Ich bin nicht gut genug. Ich bin zu dick. Ich bin dumm. Aber ebenso: Ich bin gut. Ich bin genau richtig, so wie ich bin. Ich bin ein Geschenk des Himmels.
* Frage dich dann: Welche Überzeugungen habe ich in Bezug auf das Leben? Beispiele: Das Leben ist ungerecht. Andere lassen mich immer im Stich. Ich komme immer zuletzt. Es ist gefährlich, meine Meinung zu sagen. Aber auch: Das Leben meint es gut mit mir. Ich habe alles, was ich brauche. (Schau dir dazu auch noch mal den Test ab Seite 14 an.)
* Trage deine Überzeugungen in dein Forschungsbuch ein. Und frage dich: Wirken sich diese Überzeugungen in meinem Leben hilfreich oder behindernd aus? Notiere ein »h« hinter jeder Überzeugung, die du als hilfreich erlebst, und ein »b« hinter jeder Überzeugung, die dich einschränkt und behindert.
* Spüre nun bei den einzelnen Sätzen nach, wie sie auf dich wirken. Fühlt es sich gut an, so zu denken, oder eher furchtbar? Erlaube dir zu spüren, was in deinem Körper geschieht.

Dein Leben als Spiegel

Deine Überzeugungen zeigen sich in deinem Leben. Wenn du glaubst, dass Verkäufer in aller Regel unfreundlich sind, wirst du genau das erleben. Dieser Effekt hat zwei Ebenen. Zunächst psychologisch: Jedes Mal, wenn deine Erwartung in Bezug auf Verkäufer zutrifft, verbuchst du das als Bestätigung. Mit der Zeit siehst du es dann als feststehende Tatsache an. Natürlich wirst du auch freundlichen Verkäufern begegnen – dies aber nicht so stark wahrnehmen und als Ausnahme einordnen.

Die zweite Ebene ist energetischer Natur: Es scheint so, als würdest du mit deiner Überzeugung unmotivierte und schlecht gelaunte Verkäufer regelrecht anziehen.

Das führt dazu, dass du immer nur schlecht gelaunten Verkäufern begegnest, während eine Freundin im gleichen Geschäft nur positive Erfahrungen macht.

Das Leben spiegelt dir also, was du glaubst. Dies zu beobachten ist eine Möglichkeit, Überzeugungen auf die Spur zu kommen. Achte vielleicht in den nächsten Tagen mal darauf, welche Überzeugungen in deinem Alltagserleben zum Ausdruck kommen. Die Überzeugungen, die du über dich selbst hegst wirken sich natürlich ebenfalls auf dein Leben aus. Es ist also wichtig, sie ebenso zu erforschen und wenn nötig auch zu verändern.

Reflexion: Meine Eigenschaften

Erstelle zwei Listen: Welche Eigenschaften schätzt du an dir? Welche deiner Eigenschaften kannst du nicht oder nur schwer akzeptieren? Schreib alles in dein Forschungsheft, was dir spontan in den Sinn kommt. Wir werden später darauf zurückkommen.

Sich vergeben, sich akzeptieren, sich lieben

Wie gehst du damit um, nachdem du durch die Übungen anerkannt hast, wo du wirklich stehst? Verurteilst du dich dafür oder ist es dir möglich, mit den Augen der Liebe auf dich zu schauen? Wie wäre es, deine unvollkommene menschliche Natur zu akzeptieren, in dem Vertrauen, dass sie dir dient, genau die Lernerfahrungen zu machen, für die du hier auf der Erde bist?

Erfolgreiche innere Umprogrammierung

Ein persönliches Beispiel soll verdeutlichen, wie ich das meine.
Eine meiner Überzeugungen war: »Ich darf keine Fehler machen.« Ein Teil von mir war fest davon überzeugt, dass dies gefährlich sei. Natürlich ist uns genau dies seit Jahrtausenden eingegeben. Denn eine Handlung zur falschen Zeit oder am falschen Ort konnte vor allem in früheren Phasen der Menschheitsgeschichte tatsächlich lebensgefährlich sein. Doch wenn wir aus einer ganz neuen Perspektive auf unsere vermeintlichen Fehler schauen, erkennen wir, dass es genau diese von uns abgelehnten Seiten sind, die uns inneres Wachstum ermöglichen.
Damit ich mir meiner Grundüberzeugung bewusst werde und sie nach und nach ändere, wurde das Leben aktiv – so sehe ich es heute. Es schickte mir eine Chefin, für die jeder kleinste Fehler ein großes Drama war – zumindest habe ich ihre Reaktionen aufgrund meiner Prägung so interpretiert. Ich war also in der Konfrontation mit ihr gezwungen, meinen Glaubenssatz zu erkennen, zu fühlen, was damit zusammenhing, und das ganze Thema zu bearbeiten. Schließlich konnte sich dieser Glaube auflösen. Das Leben hat mir diese innere Veränderung sofort gespiegelt, indem es mir als nächsten Geschäftspartner Colin Tipping schickte. Wir begannen zusammenzuarbei-

ten, und ich konnte mich immer mehr entspannen. Denn zum einen ist er selbst sehr locker und geht auch entsprechend entspannt mit vermeintlichen Fehlern um. Zum anderen habe ich durch ihn die Methode der Radikalen Vergebung kennengelernt, die auch die Basis dieses Buches ist. Ich gehe heute davon aus, dass ich meine frühere Chefin in mein Leben »eingeladen« habe, damit ich mir meiner Überzeugung bewusst wurde und diese noch einmal in der Tiefe erforschen konnte. Indem ich ihr vergeben habe, konnte dieser Teil in mir heilen und ich ging gestärkt aus der Situation hervor. Seither ziehe ich verstärkt Menschen in meinem Leben an, die mir wohlgesonnen sind und für die es kein Drama ist, wenn ich mal etwas vergesse. Diese Lernerfahrung ist integriert.

Lerne, dir zu vergeben

Genau solche Erfahrungen kannst auch du machen, wenn du dem hier begonnenen Weg weiter folgst. Es geht dabei nicht darum, ungeliebte Anteile zu verdrängen, sondern mit Liebe darauf zu schauen, die Verantwortung zu übernehmen und dafür Sorge zu tragen, dass sie ans Licht kommen und geheilt werden. Denn in jedem dieser Anteile ist Kraft gebunden und sobald er in Liebe angenommen wurde, zeigt sich auch das Geschenk, das darin enthalten ist. Das ist es, was die Selbstvergebung ausmacht. Und sie führt dann wie von allein zur Selbstakzeptanz. Bei der Tipping-Methode wissen wir, dass alles in unserem Leben wirklich unserer Entwicklung dient.

> *»Das Leben ist kein Problem, das es zu lösen, sondern eine Wirklichkeit, die es zu erfahren gilt.«*
>
> Buddha

GRUNDLAGEN

Der Tipping-Weg zu innerem Frieden

Ein tiefer Wunsch vieler Menschen ist es, alten Groll, Ärger und Verletzungen zu heilen und sich von Belastendem zu befreien. In diesem Buch beziehe ich mich deshalb immer wieder auf die Tipping-Methode, denn sie ist für mich einer der effektivsten und kraftvollsten Wege, um sich selbst und anderen zu vergeben und dadurch in Frieden mit sich und der Welt zu kommen. In diesem Zustand haben wir dann auch die Kraft, unser eigenes Leben bewusst zu gestalten.
Die Tipping-Methode ermöglicht dies mit einer einzigartigen Synthese psychologischer und spiritueller Aspekte. Was mich immer wieder aufs Neue begeistert, sind die sehr einfachen und alltagstauglichen Werkzeuge dieser Arbeit, die wirkliche Vergebung ermöglichen und damit inneren Frieden schaffen. Diesem folgt in der Regel der Frieden im Außen. Es braucht dafür weder jahrelange Praxis noch den Glauben an ein bestimmtes Konzept – die Bereitschaft, es einfach auszuprobieren, genügt.

Zentral: Die Vergebung

Ich bin zutiefst überzeugt, dass uns die Kraft der Vergebung befreien und heil werden lassen kann, und ich habe dies sowohl bei mir selbst wie auch in der Begleitung vieler Menschen in meiner Praxis und in meinen Seminaren immer wieder erleben dürfen. Über die Jahre konnte ich auf der Basis der Tipping-Methode einen umfassenden »Werkzeugkasten« für ein selbstbestimmtes Leben entwickeln, den ich dir hier vorstelle. Die ersten Forschungsübungen dazu hast du ja bereits kennengelernt und sie haben dir sicher schon wesentliche Einsichten beschert.
Die Erfahrung zeigt, dass es den meisten leichter fällt, anderen zu vergeben als sich selbst. Doch um

wirklich heil zu werden, muss der Blick auch unweigerlich nach innen gehen: Selbstvergebung führt zu Selbstakzeptanz – und beides sind wirklich entscheidende Schritte, um unsere Kraft wieder ganz in Besitz zu nehmen.

Alle hier vorgestellten Werkzeuge kannst du selbstständig nutzen. So machst du einfache und gut überschaubare Schritte. Selbstakzeptanz bleibt dabei kein schwer erreichbares Ziel, sondern wird unmittelbar möglich. So erlangst du immer größere Klarheit und kannst den Herausforderungen in deinem Leben angemessen begegnen.

Einladung zum Perspektivenwechsel

Um die Grundideen der Tipping-Methode zu verstehen, erinnere dich doch jetzt bitte mal an ein Ereignis aus der Vergangenheit, das für dich schmerzhaft oder schwierig war. Vielleicht hast du deinen Job verloren oder dein Partner hat sich von dir getrennt. Wenn du nun mit der Lebenserfahrung, die du heute besitzt, auf dieses Ereignis zurückschaust, gibt es dann einen Teil in dir, der sehen kann, dass diese Situation, so schmerzhaft sie in jenem Moment auch gewesen sein mag, dir letztlich gedient hat? Vielleicht hat sie eine größere Veränderung, eine Entwicklung in Gang gesetzt, die sich später als gut herausgestellt hat?

Die Kündigung hat dann vielleicht dazu geführt, dass du einen neuen Beruf gefunden hast, der viel besser zu deinen Fähigkeiten passte. Oder die Trennung führte zu einer Zeit der Neuorientierung im Leben und schließlich zu einer neuen, deutlich erfüllenderen Partnerschaft.

In der Rückschau auf das eigene Leben fällt es vielen Menschen leicht zu sehen, dass alle Erfahrungen – gute wie schlechte – dazu führten, dass sie sich weiterentwickelten. Sie konnten das zunächst Unangenehme als Chance zum Wachstum für sich nutzen.

Fünf Stadien der Selbstvergebung

Bei der Tipping-Methode durchlaufen wir fünf Stadien. Sie alle werden mit dem Ausfüllen eines sogenannten Arbeitsblattes durchlebt, wie du es ab Seite 74 im Buch findest.

* Im ersten Stadium erzählen wir unsere Geschichte, also das, was uns zugestoßen ist, uns angetan wurde oder wofür wir uns selbst verurteilen. Wir äußern, was war, und das ist oft schon eine große Erleichterung. Wir sprechen aus, was uns belastet und bedrängt. Es wird offengelegt, der innere Druck weicht.
* Im zweiten Stadium erlauben wir uns, unsere Gefühle wahrzunehmen. Wir können also den Schmerz, die Enttäuschung, den Ärger, die Wut wirklich fühlen – alles, was mit dem schmerzhaften Ereignis verbunden ist. Das braucht Zeit und Achtsamkeit.
* Im dritten Stadium treten wir einen Schritt zurück und betrachten die Situation aus der Distanz. Das hilft uns, den Standpunkt anderer Beteiligter besser zu verstehen oder für uns selbst Mitgefühl zu empfinden.
* Das vierte Stadium ist die Bereitschaft, davon auszugehen, dass uns das Ganze letztlich dazu dient, eine wichtige Lernerfahrung zu machen. Das wichtige Wort dabei ist »Bereitschaft« – es geht nur um die Annahme, dass es so sein könnte. Dass alles genau so richtig ist. Dies öffnet die Tür zu innerem Frieden.
* Im fünften Stadium erspüren wir die innere Beruhigung, die mit dieser Annahme einhergeht. Unser ganzes System erhält Zeit, die veränderte Sichtweise zu integrieren. In diesen Momenten geschieht die eigentliche Heilung.

Unser Lebensplan

Es scheint, als würde es eine Art Lebensplan geben, der uns immer wieder veranlasst, etwas Neues anzupacken, der Veränderungen bewirkt und uns so immer wieder an den Herausforderungen des Lebens wachsen lässt. Das bedeutet keineswegs, dass wir diese Veränderungen immer willkommen heißen und als positiv empfinden. Oft genug sind wir genervt, widerwillig oder schmerzlich verletzt. Der Großteil der Menschen, mit denen ich eine solche Rückschau auf ihr Leben gemacht habe, bestätigte mir jedoch, dass die Veränderung letztlich gut war. Offenbar eine universelle Erfahrung.

In der Tipping-Methode greifen wir diese universelle Erfahrung auf und gehen noch einen entscheidenden Schritt weiter, indem wir sagen: Alles geschieht aus einem bestimmten Grund. Und so, wie wir in unserem Leben oft erst viel später erkennen können, wozu uns ein schmerzhaftes Ereignis letztlich gedient hat, gibt es auch immer wieder Situationen, bei denen wir nie erkennen können, wofür sie gut sein sollten.

Das Erkennen unseres Lebens- oder Seelenplans geschieht auf einer Ebene, die außerhalb unseres normalen Bewusstseins und unserer alltäglichen Wahrnehmung liegt. In einem Bereich, den viele Menschen als das Göttliche bezeichnen oder auch als universelles Bewusstsein.

Eigenverantwortung

Ein solcher Lebensplan mag von uns selbst auf der seelischen Ebene vor unserer Inkarnation festgelegt worden sein – er entbindet uns aber nicht von unserer Verantwortung. Auf der menschlichen Ebene geht es immer darum, unser Bestmögliches zu tun. Gleichzeitig scheint es unsere Aufgabe zu sein, uns immer mehr dafür zu öffnen, dass es Dinge gibt, die wir mit unserem menschlichen Bewusstsein einfach nicht erfassen können

GRUNDLAGEN

Das ist, als würden wir ohne 3D-Brille im Kino sitzen und uns einen Film anschauen, der in 3D gedreht wurde. Wir haben das Gefühl, alles zu sehen, alles mitzukriegen, doch erst wenn wir die 3D-Brille aufsetzen, eröffnet sich uns die ganze Tiefe dieses Films.
Und so ist es auch mit unserem Leben. Könnten wir es von der Ebene des universellen Bewusstseins aus sehen, würden wir die ganze Vielfalt und Sinnhaftigkeit unserer Erfahrungen erkennen. Doch während wir mittendrin sind, erscheint es uns oft chaotisch, schmerzhaft und sinnlos.

Alles hat seinen Sinn

Dieses Buch lädt dich mit all seinen praktischen Anregungen zu einem wichtigen Perspektivenwechsel ein: zu der Annahme, dass alles einen Sinn hat. Du musst es nicht wissen und nicht glauben, nimm es einfach einmal an und schau, wie bereits das dein Leben verändert. Denn diese Annahme bringt einen enormen Vorteil: Du kannst dich aus der Opferhaltung befreien und die Verantwortung für dein Leben vollständig übernehmen.
Indem du die Werkzeuge in diesem Buch nutzt und in deinen Alltag integrierst, befreist du die in der Vergangenheit gebundene Energie und kannst sie fortan nutzen, um dein Leben bewusst und in Übereinstimmung mit deinem Seelenplan zu gestalten. Erlaube dir, es spielerisch anzugehen, probiere die Übungen aus und lass dich überraschen, was passiert.
Wir fahren hier zunächst mit drei Schlüsseln für die Selbstvergebung und die Selbstakzeptanz fort: Fühlen, Atmen und Achtsamkeit. Diese Schlüssel dienen dir dann auch in allen weiteren Übungen. Das Fühlen führt dich zu dir und zu dem, was in dir gerade los ist. Über den Atem bekommst du einen noch stärkeren Zugang zu deinen Gefühlen. Die Achtsamkeit unterstützt dich dabei, präsent zu sein, was auch immer geschieht.

Das Fühlen

Möglicherweise haben die Übungen zur Selbsterforschung bereits die unterschiedlichsten Gefühle in dir ausgelöst: Traurigkeit, Wut, Ärger, Schmerz. Vielleicht auch Freude und Zuversicht – bei den hilfreichen Eigenschaften, die du an dir schätzt. Diese Achterbahnfahrt der Gefühle ist normal und Teil deiner Forschungsreise. Deine Trauer über ungeliebte Eigenschaften, deine Wut auf behindernde Überzeugungen brauchen deine Zuwendung, damit sich etwas verändern kann. Es ist ein wesentlicher Teil der Arbeit hier, den Gefühlen Raum zu geben, sie wahrzunehmen und zu würdigen. Das gilt auch für all die Gefühle, die mit Situationen zusammenhängen, wegen derer du dich ablehnst. Es geht nicht darum, in ein Drama erneut einzutauchen. Es reicht, für einen Moment bewusst das zu fühlen und wertzuschätzen, was als Gefühl jetzt da ist.

Du kannst nicht heilen, was du nicht fühlen kannst.

Der Wert des Fühlens

Vielleicht erscheint dir die Aufforderung, ein Gefühl wie Wut oder Schmerz wertzuschätzen, seltsam. Das, was du fühlst, ist aber ein Teil von dir, eine Reaktion auf etwas, was dir passiert. Es ist ein Signal, das dich auf etwas hinweist. So wie es keine gute Idee ist, eine Warnlampe im Auto zu ignorieren, die beispielsweise einen Ölmangel anzeigt, ist es auch nicht sinnvoll, deinen Ärger, deine Wut oder deinen Kummer zu ignorieren oder »wegzudrücken«. Diese Gefühle zeigen etwas Wichtiges: wie es dir gerade geht. Annehmen und wertschätzen heißt: sie wahrzunehmen und dir die Zeit dafür zu nehmen, die es braucht. Es bedeutet nicht unbedingt, dass es sich gut anfühlt. Aber es ist wichtig.

Ohne Fühlen: ein Teufelskreis

Wenn wir unseren Gefühlen nicht den Raum geben, den sie brauchen, verschwinden sie nicht – sie rücken in den Hintergrund, machen sich aber immer wieder bemerkbar, oft in den unpassendsten Situationen. Sie entwickeln eine fatale Dynamik. Wir neigen dann nämlich dazu, die schmerzhafte Situation mit Interpretationen zu versehen. Vor allem Was-wäre-wenn-Szenarien sind dafür ganz typisch.
Ein Beispiel: Wenn wir uns gerade von unserem Partner getrennt haben, ist der Schmerz über das Scheitern unserer Beziehung meist schwer zu ertragen. Wir erleben einen Verlust, und das anzuerkennen tut weh. Verdrängen wir diesen Schmerz jedoch, geraten wir oft in zunehmend verzweifelte Gedankengänge wie »Hätte ich doch …« oder »Hätte er doch nur …« Dann kann es sein, dass zu unserem berechtigten Schmerz über den Verlust auch noch Wut und Ärger auf den anderen oder auf uns selbst hinzukommt. Wir verlieren uns in Mutmaßungen und Interpretationen, wie es zur aktuellen Lage kommen konnte. Unsere Gefühle werden überlagert von einem Wust an Gedanken. Dies hindert uns dann daran, Abschied zu nehmen und neu anzufangen.

Fühlen gibt Kraft

Nur durch das unmittelbare Fühlen befreien wir die Energie, die in unserem Thema gebunden ist. Es kann sich verändern. Unsere ursprüngliche Kraft steht uns wieder zur Verfügung. Aus eigener Erfahrung kann ich dir versichern: Wenn der Schmerz gefühlt ist, verwandelt er sich in Kraft. Dann können wir – um im Beispiel zu bleiben – mit Wertschätzung auf die beendete Beziehung zurückschauen und vielleicht sogar schon erkennen, wozu uns all dies gedient hat.

Verdrängung braucht viel Energie

Stell dir Folgendes vor: Du stehst entspannt im warmen Wasser. Um dich herum bemerkst du eine Reihe von Bällen, die deine unerwünschten Gefühle repräsentieren. Um diese vor dir (und anderen) zu verbergen, drückst du sie nun unter Wasser. Du versuchst, alle Bälle gleichzeitig unten zu halten.
Was geschieht? Bist du noch entspannt oder wirst du zunehmend hektisch und angestrengt, weil du deine ganze Kraft und Aufmerksamkeit brauchst, um die Bälle unter Wasser zu halten?

Die Angst vorm Fühlen

Manche sind der Meinung, dass man »negative« Gefühle vermeiden sollte. Ich glaube, dass es keine negativen Gefühle gibt. Was auch immer sich in uns zeigt, ist ein Teil von uns, es möchte wahrgenommen und anerkannt werden.
Unterdrückte Gefühle versuchen, wie die Bälle aus der Visualisierung im Kasten, an die Oberfläche zu kommen. Und bei jeder sich bietenden Gelegenheit, wann immer unsere Abwehrmechanismen nachlassen, weil wir erschöpft, krank oder überfordert sind, schnellen sie nach oben. Was wir dann oft machen ist, sie schnellstmöglich wieder zu verdrängen.
Doch du hast vielleicht bereits verinnerlicht, wie anstrengend das ist, wie viel Kraft und Energie es kostet. Der eindeutig bessere Weg ist es also, sie willkommen zu heißen, sie zu fühlen, zu erforschen und dir damit die Möglichkeit zu geben, sie zu heilen und zu transformieren.
Wenn wir unsere sogenannten negativen Gefühle unterdrücken, dann blockieren wir unsere Lebenskraft und bremsen automatisch auch

alle freudvollen Empfindungen wie Liebe, Vertrauen und innere Weite. Wir pendeln uns auf ein Mittelmaß ein, arrangieren uns – und das Leben verliert an Farbe. Und dass in einem solchen Leben auch kaum Raum für Selbstliebe ist, versteht sich von selbst. Denn wir blockieren ja das, was wir eigentlich sein wollen und können.

Widerstand gegen Gefühle

Wenn ein kleines Kind mit etwas Unangenehmem konfrontiert ist, reagiert es ganz natürlich abwehrend. Es will das Störende »weghaben«. Wie oft verhalten wir uns genauso, wenn unangenehme Gefühle auftauchen? Wenn wir etwas erleben, das anders ist, als das, was wir uns vorgestellt haben, reagieren wir mit Widerstand. Aber das Ungewollte bleibt dennoch da. Fakt ist: Was auch immer du erlebst – dein Widerstand dagegen ist das sicherste Mittel, es andauern zu lassen. Denn durch den Widerstand fixierst du den Status Quo – und nichts kann sich verändern oder weiterbewegen.
Erst das unmittelbare Fühlen dessen, was da ist, hilft dir dabei, die Energie, die im jeweiligen Thema gebunden ist, zu befreien und den Heilungsprozess in Gang zu setzen. Nimm also auch deine Widerstände an die Hand, fühle sie und lass dich mutig auf die weitere Erkundung deines Selbst ein. Folge einfach Schritt für Schritt den Beschreibungen und Übungen.

Das starke Gefühl der Angst

Wenn uns das Fühlen eigentlich so guttut, warum haben wir dann so viel Angst davor? Und warum weigern wir uns umso stärker, auch die Angst zu fühlen und zu akzeptieren? Angst zu haben, gilt als schwach und falsch. Aber sie ist da – und das hat einen Grund. Wir finden ihn in unserem Gehirn.
Das gliedert sich in drei Bereiche: Stammhirn (auch »Reptilienhirn« genannt), limbisches System (»Säugetierhirn«) und Neocortex

(der bewusste, rationale Teil). Das Stammhirn, der entwicklungsgeschichtlich älteste Teil unseres Gehirns, ist für alle unbewusst ablaufenden Funktionen zuständig, die unser Überleben sichern. Das limbische System steuert unsere Emotionen und versucht, Lust zu wiederholen und Schmerz zu vermeiden. Dieser Teil funktioniert ebenfalls unbewusst. Erst im Neocortex geht es um das eigentliche Menschsein, um bewusstes Wählen, um Reflexion, Sprache und so weiter. Im Neocortex sind die höheren Gehirnfunktionen angesiedelt. Es ist der Teil, der uns am stärksten von den Tieren unterscheidet.

Leider ist das Stammhirn so überaktiv, dass es die Hauptrolle bei unserem Verhalten spielt. Wir erkennen dies, wenn wir uns angegriffen fühlen oder recht haben wollen. Dann reagieren wir oft unangemessen heftig. Wir leben gewissermaßen im 21. Jahrhundert mit einer 30 Millionen Jahre alten »Hardware« im Kopf.

»Angst hat ihren Nutzen, doch feige zu sein, das hat keinen.« Mahatma Gandhi

Flucht oder Angriff?

Entwicklungsgeschichtlich gesehen haben wir im Lauf der Evolution gelernt, dass es wichtig ist, immer auf der Hut zu sein. Wenn wir uns bedroht fühlen oder Angst empfinden, prüft unser Stammhirn blitzschnell die folgenden drei Optionen: Fliehen? Angreifen? Sich tot stellen? Dieser Mechanismus ist so tief in uns verankert, dass wir auch heute noch unwillkürlich darauf zurückgreifen. Unsere automatische Reaktion ist also eine ganz und gar archaische.

Dabei gilt es aber auch etwas ganz Wesentliches anzuerkennen. Die Angst ist nicht etwa unser Feind.

Sie hat uns immer auch gedient. Sie half uns beispielsweise vorsichtig zu sein und sehr genau wahrzunehmen, was um uns herum passiert. Sie hat so dazu beigetragen, unser Leben zu erhalten. Sie kommt auch heute noch vor allem dann auf, wenn sich etwas verändert, wenn wir also vor Unbekanntem stehen.

Sich der Angst stellen

Wir haben heute die Möglichkeit, den Urzeitmenschen in uns an die Hand zu nehmen und uns zu erlauben, neue Wege zu gehen. Indem wir uns Schritt für Schritt unseren Ängsten stellen, ihnen mit Achtsamkeit begegnen und die damit verbundenen Gefühle fühlen, machen wir die Erfahrung, dass sie uns nicht schaden, sondern dass uns die Auseinandersetzung mit ihnen sogar stärkt.
Unabhängig davon, wie ängstlich, zurückhaltend oder unachtsam wir in unserem Leben bisher waren – wir haben jetzt die Wahl, die Weichen neu zu stellen und unser Leben so zu gestalten, dass es uns

Tipp: Das Spiel mit der Leinwand

Wann immer du bei einer der folgenden Übungen oder allgemein im Leben Schwierigkeiten hast, dich deinen Ängsten und Gefühlen zu stellen, kannst du dir mit einem einfachen Trick helfen: Stell dir vor, alles, was gerade in dir auftaucht, wird auf eine Kinoleinwand projiziert und du bestimmst, wie nah du an die Leinwand herangehst oder wie viel Abstand du gerade brauchst. Du kannst auch bestimmen, wann es im Film eine Pause gibt, und ihn dir so in gut verdaulichen Häppchen anschauen. Auf diese Weise überrollen dich die Gefühle nicht, du kannst sie erforschen und bleibst Meister der Lage.

Freude macht und wir vielleicht sogar inspirierend für andere sind. Also: Erlaube dir, tief und bewusst zu atmen, und sage innerlich Ja zu den Gefühlen, die auftauchen. Es sind deine Gefühle und es ist völlig in Ordnung, diese Gefühle zu haben. Nimm an, was auch immer sich zeigt, und erkenne dadurch immer mehr, was alles zu dir gehört und was für ein wundervoller Mensch du bist. Sei voll und ganz du selbst.

Dein Körper und du

Fühlen gehört natürlich eng zum Wahrnehmen des eigenen Körpers. Das aber kommt bei uns oft viel zu kurz. In unserer Kultur wird der Körper sehr stark über sein Aussehen definiert. Wir sitzen viel am Computer oder vor dem Fernseher und haben meist zu wenig Bewegung. Oft wird der Körper nur wahrgenommen, wenn er nicht mehr funktioniert oder wenn uns etwas an ihm missfällt.

Für die Selbstakzeptanz ist es aber wesentlich, ihn fühlend wahrzunehmen. Daher führen wir unsere Selbsterforschung auf dieser Ebene weiter. Wie geht es dir mit deinem Körper? Fühlst du dich darin zu Hause und kannst du ihn so lieben, wie er ist?

Weißt du deinen Körper zu schätzen, sorgst gut für ihn und hast ein liebevolles Verhältnis zu ihm? Oder entziehst du ihm immer wieder die Energie, indem du ihn ablehnst, ihm Dinge zumutest, die ihm nicht guttun, die ihn vielleicht sogar schädigen?

Dein Körper ist das Gefährt, mit dem du durch dieses Leben gehst, dein treuer Diener und Begleiter – ein Leben lang.

GRUNDLAGEN

Wenn du dich auf die folgenden Übungen einlässt, erschaffst du dir eine gute Basis für alles Weitere: Du beginnst, deinen Körper intensiver wahrzunehmen, gibst den Gefühlen mehr Raum und erlebst dich in deutlich mehr Facetten als vielleicht je zuvor. Du beginnst mit völliger Selbstakzeptanz, die übrigens durch diese sinnliche Komponente auch sehr viel Spaß macht und richtig genussvoll gelebt werden kann. Du bist voll und ganz »da« und wohltuend »bei dir«.

Übung: Den Körper lieben lernen

* Schaff dir einen ungestörten Raum und schau dich ganz bewusst im Spiegel an. Stelle fest, was du an deinem Körper magst und was dir nicht gefällt.
* Schließe dann die Augen und erlaube dir zu spüren, wie sich dein Körper anfühlt. Wo empfindest du Spannungen, Schmerzen oder Enge? Und welche Bereiche fühlen sich vielleicht besonders lebendig an?
* Dann öffne wieder deine Augen, schau dich erneut im Spiegel an und nimm wahr, ob du dich jetzt mit den Augen der Liebe anschauen kannst. Vielleicht magst du auch etwas aussprechen wie: »Lieber Körper, ich danke dir, dass du mich so treu durch dieses Leben begleitest. Ich liebe dich.«
* Finde deine eigenen Worte, um deine Wertschätzung für deinen Körper zum Ausdruck zu bringen. Diese auch tatsächlich auszusprechen – auch wenn es ungewohnt ist – verstärkt ihre Wirkung und aktiviert deine Selbstheilungskräfte.
* Genieße es, noch einen Moment mit dir zu sein. Wenn du magst, kannst du – jetzt oder später – deine Erkenntnisse in dein Forschungsbuch eintragen.

Reflexion: Eigenheiten lieben lernen

* Schau in deinem Forschungsbuch zurück zu deinen Ergebnissen der Reflexionsübung auf Seite 25. Dort hast du Eigenschaften aufgelistet, die du an dir magst, und solche, die du schwer akzeptieren kannst.
* Wähle nun eine Eigenschaft, die du an dir magst, stimme dich darauf ein und erlaube dir zu spüren: Wie fühlt es sich an, so zu sein? Wo in meinem Körper nehme ich dies besonders intensiv wahr? Frage dich auch: Wie wirkt sich diese Eigenschaft in meinem Leben aus?
* Fahre mit dieser Übung fort, bis du alle Eigenschaften von deiner Liste der geliebten Qualitäten auf diese Weise erforscht hast.
* Nun übe mit den Eigenschaften, die du an dir ablehnst. Erforsche sie auf dieselbe Weise.
* Nachdem du die verschiedenen Anteile deines Selbst gefühlt hast, halte noch einen Moment inne und spüre nach: Wie fühle ich mich jetzt?
* Kannst du spüren, wie Frieden in dir einkehrt, einfach dadurch, dass du diesen Eigenschaften, diesen Anteilen von dir, deine Aufmerksamkeit geschenkt hast? Bekommst du eine Ahnung davon, welche Vielfalt in dir ist, welch vielfältiges Wesen du bist?

Der Intuition vertrauen

Wir alle haben in uns ein tiefes Wissen – unsere Intuition, die uns in allen Fragen des Lebens zuverlässig berät. Oder beraten könnte, denn leider vergessen wir diese Instanz nur allzu oft. In unserer Kultur wird Intuition als Basis unserer Entscheidungen deutlich zu wenig wertgeschätzt. Dadurch fokussieren wir uns auf unseren Verstand,

versuchen Gründe zu finden und unsere Entscheidungen stets rational zu erklären.
Deiner Intuition zu vertrauen ist nicht nur hilfreich, sondern auch enorm praktisch: Was gibt es besseres, als diese innere Weisheit tagtäglich und jederzeit nutzen zu können? Deine Intuition sagt dir, was die nächsten Schritte sind, führt dich zu einer Arbeit, die dich erfüllt, und zu den Menschen, die dir guttun. Dich deiner inneren Führung anzuvertrauen führt dich zu einem reichen, bunten und freudvollen Leben.

Verstand und Intuition als Team

Um ein erfülltes Leben zu haben, brauchen wir natürlich beides, einen klaren wachen Verstand und unsere Intuition. Wenn wir lernen, wieder auf unsere Intuition zu hören und uns dadurch dem Fluss des Lebens anvertrauen, gewinnt das Leben an Farbe und an Leichtigkeit. Die spannende Frage ist nur: Wie lernt man, auf die Intuition zu hören, ja sie überhaupt erst einmal wahrzunehmen? Der erste Schritt dazu ist das Fühlen, das Wahrnehmen dessen, was in uns ist – und das hast du ja bereits begonnen, in dein Leben zu integrieren. Es gibt einen weiteren Schlüssel zur Selbstakzeptanz, der Fühlen und Intuition unterstützt, und um den geht es jetzt.

»Der intuitive Geist ist ein heiliges Geschenk und der rationale Verstand ist sein treuer Diener. Wir haben eine Gesellschaft geschaffen, die den Diener verehrt und das Geschenk vergessen hat.«

Albert Einstein

Der Atem

Der Atem ist ein Werkzeug, das uns jederzeit zur Verfügung steht, immer und überall. Er ist weit mehr als nur die Versorgung mit Sauerstoff – er ist unsere Verbindung zu unserer Lebendigkeit. Atem ist Lebensenergie. Je intensiver wir atmen, umso mehr Energie steht uns zur Verfügung. Und: Über den Atem bekommen wir Zugang zu unseren Gefühlen und können uns so auf einer tieferen Ebene wahrnehmen, erforschen und letztlich auch akzeptieren.

Der Atem als Helfer

Das Beste ist: Du kannst beim Atmen nichts falsch machen. Denn zum einen sorgt dein Körper sehr gut auch ohne dein Zutun dafür, dass du permanent atmest. Zum anderen hast du auf jeden Fall einen positiven Effekt, sobald du dir einfach nur erlaubst, tiefer und intensiver zu atmen, als du es normalerweise tust. Es gibt unendlich viele verschiedene Atemübungen. Zwei, die ich besonders hilfreich finde, sind auf den beiden folgenden Seiten beschrieben. Doch letzten Endes gilt: Es ist völlig egal, wie du atmest, solange du tief atmest!

Was bewirkt flaches Atmen?

Wie stark unser seelischer Zustand den Atem bestimmt, findet sich auch in unserer Sprache: »Etwas schnürt mir den Atem ab«, »Er oder sie nimmt mir die Luft zum Atmen« oder »Mir stockt der Atem« heißt es. Vielleicht hast du schon einmal bemerkt, dass du den Atem anhältst oder flach atmest, wenn dich etwas ängstigt oder du unsicher bist. Dies ist eine erlernte Reaktion, ein Relikt des archaischen »Totstellens«. Je weniger wir atmen, umso weniger fühlen wir.

Was bewirkt tiefes Atmen?

Nun kannst du diesen Prozess aktiv umkehren und ganz bewusst tief atmen. Das verschafft dir einen

GRUNDLAGEN

Übung: Sich in die Ruhe hineinatmen

* Atme tief durch die Nase ein und halte den Atem so lange an, wie es für dich angenehm ist.
* Nun atme durch den offenen Mund mit einem langen, hörbaren »Haaahhhh« aus. Vielleicht verbindet sich mit diesem Ton ein Seufzen, auch das kann hilfreich sein. Beim Ausatmen kannst du mit der Vorstellung ganz bewusst alles loslassen, was dich belastet.
* Wiederhole diese Atmung mindestens zehnmal. Spüre, wie du dich jetzt fühlst.

Zugang zu deinen Gefühlen – und genau das ist ja, wie du bereits weißt, sehr wichtig für die Selbstakzeptanz. Es kann durchaus sein, dass sich beim tieferen Atmen Gefühle wie Schmerz, Trauer oder Wut zeigen. Doch all diese Gefühle sind ohnehin in dir, ob du dir dessen bewusst bist oder nicht. Indem du dir die Erlaubnis gibst, sie an die Oberfläche kommen zu lassen, gibst du dir auch die Chance, dass sie sich auflösen können.

Zur Ruhe kommen

Diese erste Atemübung im Kasten oben dauert nur wenige Momente und ist eine einfache Möglichkeit, dich von Belastendem zu befreien und Raum für Neues in dir zu schaffen. Sie eignet sich wunderbar, wenn du innerlich gerade sehr »am Rennen« bist und noch viele Aufgaben auf deiner To-Do-Liste hast. Dann erweiterst du sie am besten in folgender Weise: Du atmest in solchen Momenten zehnmal alles aus, was du müsstest, zehnmal alles, was du solltest, und noch zehnmal alles, was du könntest. Wenn ich das so praktiziere, fühle ich mich anschließend ruhig und zentriert. Ich bin bereit zu fühlen, was ich jetzt wirklich tun will.

Der Atem als Energiequelle

Die folgende Atemübung kommt in ihrer Grundform aus dem Yoga. Der Sanskrit-Name bedeutet »Blasebalg«. Wir nutzen unseren Körper nämlich als einen solchen. Die Übung bringt sehr schnell frische Energie in den Körper, mehr Konzentration und eine verbesserte Durchblutung. Da du intensiv durch die Nase ein- und ausatmest, ist es sinnvoll, vor Beginn der Übung deine Nase zu putzen. Nutze diese Art zu atmen am besten am Morgen, dann hast du einen spürbar kraftvollen Start in den Tag. Oder auch vor dem Üben der Selbstakzeptanz, denn auch dafür ist es gut, frisch und fokussiert zu sein.

Übung: Bhastrika

* Stell dich entspannt hin, die Knie sind locker, die Schultern entspannt, die Wirbelsäule aufrecht. Spüre die Verbindung zum Boden, zur Erde.
* Richte nun deine Aufmerksamkeit auf deinen Atem. Nimm wahr, wie er ein- und ausströmt.
* Balle deine Hände zu lockeren Fäusten, die Daumen sind außen.
* Atme nun kräftig durch die Nase ein, wirf dabei die Arme kraftvoll senkrecht nach oben und spreize die Finger.
* Atme nun kräftig durch die Nase aus und bring dabei die Arme schnell neben den Brustkorb zurück. Sie berühren die Rippen und erzeugen dadurch den Blasebalg-Effekt, der der Übung den Namen gab. Die Hände schließen sich wieder.
* Wiederhole dieses dynamische Atmen 10- bis 20-mal.
* Nimm dir anschließend ausreichend Zeit und Ruhe zum Nachspüren, dies ist genauso wichtig wie die Übung selbst.

Die Achtsamkeit

Dies ist eine weitere Basis der Selbstannahme. Je achtsamer wir beim Atmen und beim Fühlen sind, desto mehr können wir uns selbst erkennen. Achtsamkeit dient uns dabei, jeden Augenblick bewusst wahrzunehmen.

Das Hier und Jetzt

Wie oft sind wir mit unseren Gedanken in der Vergangenheit oder der Zukunft? Wir grämen uns über das, was war, oder machen uns Sorgen über das, was vielleicht kommen könnte. Das lähmt uns und hindert uns daran, bewusst wahrzunehmen, was jetzt gerade wirklich geschieht.
Achtsamkeit ist ein einfaches, aber zugleich sehr kraftvolles Werkzeug, das dich unterstützt, dich selbst immer besser kennenzulernen und anzunehmen. Indem du dich ganz auf den gegenwärtigen Moment einlässt, unterbrichst du den Kreislauf der Gedanken, du steigst aus dem »Hamsterrad« aus und kommst zum Wahren, Wirklichen.

Immer irgendwo anders

Vielleicht kennst du das auch: Du tust etwas, aber mit deinen Gedanken bist du ganz woanders. Du fährst auf der Autobahn, und wenn dich jemand fragen würde, hättest du keine Ahnung, auf welchem Autobahnabschnitt du gerade bist. Manchmal kann es ja ganz angenehm sein, die Gedanken schweifen zu lassen, zum Beispiel bei monotonen Tätigkeiten. Doch oft verhindert es, aufmerksam zu sein für das, was in diesem Moment geschieht.

Eine schlichte Frage, die dich wach und präsent machen kann: »Was ist jetzt?«

Die Frage »Was ist jetzt« bringt deine Aufmerksamkeit in den gegenwärtigen Augenblick. Du kannst vielleicht sogar erkennen, dass du die aktuelle Situation kreiert hast, und damit hast du auch die Möglichkeit, die Anhaftung gänzlich wieder loszulassen.

Nicht nur bei den Dramen des Lebens ist diese Frage hilfreich, sie unterstützt dich auch, wenn du dich im Kontakt mit Menschen in deinen Gedanken verlierst, anstatt präsent für dein Gegenüber und eure Verbindung zu sein. Wenn du dein Gewahrsein wieder bewusst darauf richtest, öffnet sich dein Herz und der Kontakt wird intensiver und freudvoller.

Den Körper (be-)achten

Ein Großteil unseres Lebens, besonders im Beruf, findet auf mentaler Ebene statt. Wir sind intellektuell sehr gefordert, doch unser Körper findet dabei immer weniger Beachtung. Manche bringen nach der Arbeit noch die Disziplin auf, sich sportlich zu betätigen, und sorgen so dafür, dass ihre Muskeln gekräftigt werden und ihr Körper einen Ausgleich hat. Doch wer nimmt sich die Zeit, einfach zu spüren, was im Körper geschieht?

Wertvolle Signale

Wenn wir wieder lernen, auf unseren Körper zu hören und auch die feinen Signale, die er uns sendet, wahrzunehmen, steht uns ein großartiges Instrument zur Verfügung, das uns über unser Innenleben genauestens Auskunft gibt.

Wenn du beispielsweise bemerkst, dass du den Kiefer anspannst, halte inne, atme und erlaube dir zu fühlen: Was ist die Botschaft des Körpers? Vielleicht möchte er dir sagen, dass du mal wieder nach dem Motto lebst: »Zähne zusammenbeißen und durch!« Vielleicht bemerkst du aber auch ein Gefühl der Trauer, das du unterdrückt hast und das sich jetzt zeigt. Lerne, achtsam zu sein. Dein Körper sagt dir sicherer als jeder Seismograph, was du gerade brauchst und was richtig für dich ist.

Gefühle klären

Die Achtsamkeit auf den Körper zu richten hat noch einen weiteren Vorteil: Wenn du in Gedanken oder Emotionen verstrickt bist, unterstützt dich dein Körper, wieder in den Moment zu kommen. Denn er ist immer im Jetzt. Sobald du bemerkst, dass sich deine Gedanken im Kreis drehen, du vor lauter Aktivitäten kaum noch zum Luftholen kommst oder dich Gefühle überwältigen, kannst du die folgende Übung nutzen. Sie hilft dir auch, dich mit deinem Körper immer mehr anzufreunden.

Übung: Achtsam für Körperempfindungen

* Stell sicher, dass dein Körper alles hat, was er braucht, und du für die nächsten 15 Minuten nicht gestört wirst. Du kannst sitzen oder liegen, achte aber auf eine gerade Wirbelsäule.
* Richte deine Aufmerksamkeit auf deinen Atem und nimm wahr, wie er ein- und ausströmt. Verändere ihn nicht, beobachte den natürlichen Atemrhythmus.
* Nun richte deine Aufmerksamkeit auf deinen Körper, nimm wahr, wie er auf der Unterlage aufliegt oder sitzt. Spüre, wo er Kontakt zur Unterlage hat.
* Lass deine Aufmerksamkeit durch den Körper wandern. Beginne beim Kopf oder den Zehen, was dir angenehmer ist. Geh ganz langsam durch alle Körperteile. Was nimmst du wahr? Wo gibt es Spannungen? Wo fühlt es sich sehr lebendig an? Was auch immer du wahrnimmst, erlaube dir, innerlich Ja dazu zu sagen.
* Nimm dir am Ende Zeit zu erleben, wie du dich jetzt fühlst.

Stille und Frieden

In den vergangenen Jahren hat die Praxis der Achtsamkeit in Therapie, Bildung und Gesundheitswesen zunehmend an Bedeutung gewonnen und dank zahlreicher Studien ihre außerordentliche Wirksamkeit unter Beweis stellen können. Sie gilt als ein wesentlicher Faktor für unser Wohlbefinden. Denn erst, wenn wir innerlich ruhig und aufmerksam werden, sind wir in der Lage wahrzunehmen, was tatsächlich geschieht und aus dem Kreislauf von Reaktion und Gegenreaktion auszusteigen.

Innere Klarheit entsteht

Allzu oft glauben wir zu wissen, was geschieht oder wie unser Gegenüber seine Aussage meint – und bemerken dabei gar nicht, dass es unsere Interpretation ist, die uns auf das Gesagte reagieren lässt. Dies führt leicht zu Fehlinterpretationen, Konflikten und damit zu Schmerz und Leid.

Wenn wir uns hingegen bewusst sind, was in unserem Inneren vor sich geht, wenn wir unsere Reaktionsmuster kennen und auch erkennen können, was sich in diesem Moment tatsächlich abspielt, dann erlangen wir innere Freiheit und können uns selbst und unser Gegenüber besser wahrnehmen, annehmen und wertschätzen. Dadurch kehrt Ruhe ein in unserem Inneren, Entspannung – was natürlich ganz maßgeblich auch unserer körperlichen und seelischen Gesundheit dient.

Jon Kabat-Zinn, einer der bekanntesten Lehrer für die Praxis der Achtsamkeit weltweit, hat sich stark dafür engagiert, diese Praxis in der Medizin und der Gesellschaft bekannt zu machen. Er beschrieb die Achtsamkeit als sehr einfache, aber zugleich effektive Möglichkeit, wieder in den Fluss des Lebens zu kommen und mit der eigenen Lebendigkeit und dem tieferen inneren Wissen verbunden zu sein. Es lohnt sich also sehr.

Zurück zum Atem

Wie bereits erwähnt ist der Atem der erste Schlüssel, um mit dir in Kontakt zu kommen. Über den Atem kommst du bei dir selbst an, er hilft dir, achtsam zu sein und zu sehen: Was ist jetzt? Was geschieht in diesem Moment? Die Achtsamkeit bringt dich ins Jetzt – und nur im Jetzt kannst du mit dir in Kontakt kommen und lernen, dich so sein zu lassen, wie du bist.

Wenn du die Kombination von Atem, fühlender Körperwahrnehmung und Achtsamkeit bewusst nutzt, dann hast du ein unschlagbar kraftvolles Team auf deinem Weg zur Selbstakzeptanz.

Spirituelle Intelligenz

Die Tatsache, dass wir über mentale Intelligenz verfügen, ist uns allen vertraut, und viele haben ihren IQ auch messen lassen. Diesen Teil nutzen wir beispielsweise, um unsere Absichten in Worte zu fassen. Doch dies allein ist nicht ausreichend, denn mit unserem bewussten Verstand können wir nur sehr begrenzt etwas in Bewegung bringen. Ein großer Teil unserer Handlungsenergie befindet sich im emotionalen und unbewussten Bereich, das heißt: im Reptilien- und Säugetierhirn, wie es auf Seite 36 beschrieben wurde.

Es gibt aber noch eine weitere Kraft in uns, die eng mit der Achtsamkeit in Verbindung steht: die spirituelle Intelligenz. In jedem von uns gibt es einen Teil, der mit dem Göttlichen, dem Urwissen, verbunden ist. Indem wir Achtsamkeit und Intuition schulen, kommen wir immer mehr in Kontakt mit diesem zentralen Teil in uns und können uns durch ihn führen lassen. Dies ist nicht zuletzt auch der Teil in uns, der uns bedingungslos liebt und uns mit Freude darin unterstützt, unseren Seelenplan umzusetzen. Um mit dieser Kraft in dir in Kontakt zu kommen, kannst du insbesondere die folgende Übung zu den Ebenen der Achtsamkeit anwenden.

Übung: Die Ebenen der Achtsamkeit

Setze oder lege dich hin, achte auf eine gerade Wirbelsäule. Der Atem sollte frei fließen können.

1. Ebene: Den Körper wahrnehmen. Beobachte, was in deinem Körper geschieht. Lass dich atmen, erlaube dir, wertfrei wahrzunehmen und zu fühlen. Nimm auch wahr, wie dein Körper auf der Unterlage sitzt oder liegt und wie dich dieser Kontakt mit der Erde verbindet. Wenn du dies für einige Minuten machst, kommst du ganz bei dir an.

2. Ebene: Gedanken und Gefühle erforschen. Was gibt es an Gedanken und Gefühlen in dir? Erlaube dir, auch dies wertfrei wahrzunehmen, ohne dich damit zu identifizieren. Wenn du bemerkst, dass du abschweifst oder dich in einem Gedanken oder Gefühl verlierst, atme bewusst und erlaube dir, die Anhaftung an deine Gedanken und Gefühle gänzlich aufzulösen.

3. Ebene: Deine Aufmerksamkeit ausdehnen. Was nimmst du um dich herum wahr? Welche Geräusche, Gerüche, Energien? Auch hier gilt: Was immer du wahrnimmst, bewerte es nicht. Diese Phase hilft dir, ganz im gegenwärtigen Augenblick anzukommen. Im Lauschen entsteht Stille in dir.

4. Ebene: Alles gleichzeitig wahrnehmen. Erlaube dir, bewusst zu sein, zu atmen und zu fühlen; wahrzunehmen, ohne etwas verändern zu müssen und ohne zu bewerten. Dehne dein Energiefeld immer weiter aus, spüre auch, was jenseits deines Körpers geschieht. Dies führt nach und nach zu einem Gefühl der Verbundenheit und des Einsseins mit allem, was ist.

Achtsamkeit auf vier Ebenen

Wende diese Übung so oft wie möglich an. Dadurch erhöhen sich deine Achtsamkeit und deine Bewusstheit. Sie stärkt deine Verbindung zu dir selbst und unterstützt dich auf deinem Weg zu einer umfassenderen Wahrnehmung.

Gerade auf der zweiten Ebene erlaube dir, deine Gefühle und Gedanken zu erforschen, ohne dich mit ihnen zu identifizieren. Damit erkennst du an, dass du diese Gedanken und Gefühle hast. Du bist dir aber gleichzeitig der Tatsache bewusst, dass es sich hierbei einfach um verschiedene Aspekte deiner menschlichen Identität handelt, nicht um deine Essenz. Du lernst dich in deiner Menschlichkeit immer besser kennen und lieben. Zugleich stärkst du den Teil in dir, der mit allem verbunden ist.

Ich liebe diese Übung, denn sie hilft mir im geschäftigen Alltag, ruhig zu werden und zu lauschen: auf die feinen Signale meines Körpers, auf die Botschaften meines tiefsten Inneren. Oft fühle ich mich dabei wie in der Mitte eines Wirbelsturms; um mich herum brodelt es, doch im Zentrum ist es ganz ruhig und wohltuend still.

Das passt auch dazu, wie der bereits erwähnte Jon Kabat-Zinn das Wesen der Meditation sinngemäß beschreibt: Es geht nicht darum, alle Gedanken und vermeintlichen Störungen zu beseitigen, sondern darum, mit all dem, was sich da zeigt, achtsam zu sein, es wahrzunehmen und sein zu lassen. Die Stille kommt dann von ganz allein.

Wo stehst du jetzt?

Nun sind wir bereits ein gutes Stück Weg miteinander gegangen. Du hast einige Übungen zur Selbsterforschung ausgeführt, hast die drei Schlüssel zur Selbstakzeptanz: Fühlen, Atem und Achtsamkeit kennengelernt – und bist dir alles in allem sicher schon näher gekommen. Es ist ein wertvoller

Moment, wenn du jetzt noch einmal darauf zurückschaust, was du alles in dir bewegt und angestoßen hast, seit du mit dem Lesen dieses Buches begonnen hast. Wertschätze dich für den Weg, den du bereits zurückgelegt hast, lass dich deinen Erfolg feiern, verwöhne dich mit etwas, das dir Freude macht.

Wieder der Test

Nachdem du dich mithilfe der verschiedenen Reflexionen und Übungen auf deinen ganz persönlichen Weg zu dir selbst gemacht hast, halte nun einen Moment inne und spüre wieder nach: Auf der Skala von 1 bis 10, wo siedelst du deine aktuelle Selbstakzeptanz an? Vergleiche diesen Wert mit deinem Eintrag im ersten Kapitel (Seite 10). Hat sich der Wert schon verbessert? Herzlichen Glückwunsch! Doch auch wenn nicht, bleib einfach geduldig dran.

Öffne dein Herz für dich

Dieses Buch hat dir bislang einige Mechanismen und Gründe dafür aufgezeigt, warum es uns so schwerfällt, uns selbst anzunehmen. Doch trotz aller Erklärungsmodelle bin ich zutiefst überzeugt, dass es letzten Endes einfach eine Entscheidung ist, neue Wege auszuprobieren und das, was funktioniert, in das eigene Leben zu integrieren. Diese klare Absicht und die innere Ausrichtung sind wichtige Schritte, um in Bewegung zu kommen. Und diese Schritte hast du bereits gemacht, wenn du bis hierher vorgedrungen bist. Du hast die Tür für die Selbstliebe bereits ein Stück geöffnet. Die Tür deines Herzens. Nach und nach kannst du nun in ein neues Bewusstsein hineinwachsen. Bist du bereit, dich noch weiter auf dich selbst einzulassen und dein Herz für dich noch weiter zu öffnen? Ja? Dann kommen wir jetzt im nächsten Kapitel zu den Hauptschritten auf dem Weg zur Selbstakzeptanz

Endlich Ja zu sich sagen

Nutze alles, was dir im Leben begegnet, als Chance, weiter zu lernen und dich zu entwickeln.

Es gibt immer wieder Situationen in unserem täglichen Leben, die uns auf die Probe stellen. Man könnte auch sagen: die uns einladen, zu lernen und zu wachsen. Genau dieser Blickwinkel verändert alles in unserem Leben: unsere Wahrnehmung der Dinge, unsere Interpretation allen Geschehens und damit auch unsere Handlungen. **Unser Leben erstrahlt neu,** weil wir wissen, dass alles einen Sinn hat und wir an allem, was uns begegnet, **im Sinne unseres Seelenplanes wachsen.**

Wenn wir uns im Folgenden mit den effektivsten Methoden zur Entwicklung von Selbstakzeptanz befassen, ist genau diese grundlegende Lebensanschauung unsere Basis.

Auf zu wahrer Selbstakzeptanz!

Um aus ganzem Herzen Ja zu sich selbst sagen zu können, ist es vor allem nötig, all die Neins aus dem Weg zu räumen, die dieses Ja blockieren. Wir finden sie in allen möglichen Glaubenssätzen über uns selbst und das Leben, in Projektionen unserer ungelebten Anteile auf andere und vor allem auch in Schuld- und Schamgefühlen. An diesen Punkten werden wir nun ansetzen – unsere drei Schlüssel Fühlen, bewusstes Atmen und Achtsamkeit unterstützen uns dabei. Ebenso die grundlegenden Werkzeuge der Tipping-Methode und weitere Techniken aus Therapie und Selbsterfahrung.

Tipp: Gönn dir Unterstützung

Wann immer du beim Üben bemerken solltest, dass etwas auftaucht, was dich überfordert, wenn du allein nicht gut damit klarkommst oder es dich verängstigt: Gönn dir Unterstützung. Du musst es nicht allein schaffen! Das ist nicht nötig.
Alle Übungen in diesem Buch sind so aufgebaut, dass du damit sehr gut für dich allein arbeiten kannst. Doch aus eigener Erfahrung weiß ich, wie hilfreich es sein kann, gerade bei den »heißen Eisen« kompetente Unterstützung hinzuzuholen. Dies kann zum Beispiel ein Tipping-Coach sein, ein Atemtherapeut oder auch jemand, der in einer anderen Form von therapeutischer Begleitung geschult ist. Entscheidend dabei ist, dass du zu dieser Person Vertrauen hast, dich öffnen kannst und in ihr eine gute Begleitung siehst, um in deine Tiefen einzutauchen und so die Kraft in dir ganz zu befreien.

Das große Thema Projektionen

Selbstakzeptanz und Projektionen gehören eng zusammen. Indem wir die Projektionen auflösen, finden wir zu uns selbst zurück. Klären wir zunächst den Begriff.

Was heißt Projektion?

Neulich gab es in der Zeitung eine amüsante Geschichte: Zwei Frauen klagten vor Gericht, weil sich ihr Nachbar nackt auf seinem Balkon sonnt. Sie fühlten sich dadurch belästigt. Auf Nachfragen des Richters stellte sich heraus: Um den Mann sehen zu können, benötigten die beiden eine Leiter und ein Fernglas. Daraufhin wies der Richter die Klage zurück. Diese Geschichte ist ein wunderbares Beispiel für Projektionen: etwas, das uns in unserem Leben oft begegnet und die Quelle vieler Missverständnisse und Konflikte ist.

Der Begriff Projektion stammt aus der Psychoanalyse und beschreibt einen Abwehrmechanismus. Wenn wir unsere eigenen Wünsche oder Emotionen nicht akzeptieren oder glauben, diese seien gesellschaftlich nicht akzeptabel, dann verlagern wir diesen Konflikt – meist unbewusst – nach außen auf eine andere Person oder Gruppe. Wir beschuldigen sie der Dinge, die wir an uns selbst ablehnen. Dadurch befreien wir uns von innerem Druck, doch wir lösen nicht das grundlegende Thema.

Das Eigene verlagern

Im Beispiel projizierten die beiden Frauen vermutlich ihre eigene verdrängte Sinnlichkeit auf den Sonnenanbeter. Wie stark dieser Anteil ins Unbewusste verdrängt war, zeigt sich daran, dass sie sich nicht scheuten, vor Gericht zu klagen, obwohl offensichtlich war, dass der Mann sie in keiner Weise belästigen wollte. Diese Geschichte mag lustig sein, doch wie schnell tappen wir alle in die Falle der Projektionen

> *»Nichts bedarf dringender der Verbesserung als die Angewohnheiten anderer Leute.«*
>
> Mark Twain

Leider beruhen fast alle Beziehungen auf Projektionen und Gegenprojektionen – und darin liegt die Wurzel vieler Probleme. Aber zugleich auch die Möglichkeit, etwas zu erkennen: Wenn du eine Eigenschaft oder Angewohnheit von dir nicht akzeptierst, kannst du sicher sein, dass über kurz oder lang jemand in deinem Leben auftaucht, der dir genau diesen von dir abgelehnten Anteil »spiegelt« und dir so die Gelegenheit gibt, dich damit auseinanderzusetzen. Oft ist es aber nicht ganz einfach, dies in der Situation so zu sehen.

Licht und Schatten in dir

Ist dir schon einmal aufgefallen, dass du nicht einfach aus einem einheitlichen Ich bestehst, sondern sich dieses Ich in viele verschiedene Anteile gliedert? Im einen Moment bist du die liebevolle Mutter, der großzügige Vater und im nächsten aufgebracht und unwirsch. Was geschieht dabei?

In jedem von uns gibt es Anteile, mit denen wir uns gern in der Welt zeigen, und solche, die wir lieber verstecken. Wir schämen uns dieser Eigenschaften und unterdrücken sie. Dadurch entschwinden sie aus unserem Bewusstsein, doch leider nicht aus unserem Leben.

C. G. Jung, der Schweizer Psychiater und Begründer der analytischen Psychologie, nannte sie sehr treffend »Schattenaspekte«.

Die bewusste oder meist eher unbewusste Ablehnung dieser Schattenaspekte – und damit wesentlicher Teile unseres Selbst – erzeugt Druck und kostet viel Kraft. Erinnere dich an die Wasserbälle von

Seite 35 und daran, wie viel Energie es kostet, sie alle unter Wasser verstecken zu wollen. Genau wie diese Bälle möchten auch unsere ungeliebten Schattenaspekte an die Oberfläche kommen. Sie sind schließlich ein Teil von uns. Deshalb funktioniert das Versteckspiel auch nicht wirklich. Aber das Leben ist genial! Es schickt uns zuverlässig passende Menschen, die uns diese Anteile spiegeln, damit wir sie erkennen und heilen können. Wann immer wir uns über eine andere Person aufregen, ist das also eine gute Gelegenheit, uns zu fragen, was ihre Eigenheiten mit uns zu tun haben könnten.

Die Projektion bemerken

Projektionen können sich auf verschiedene Arten zeigen. Manchmal können wir bei ehrlichem Hinschauen genau die ungeliebte Eigenschaft des anderen in uns erkennen, manchmal leben wir jedoch genau das Gegenteil. Um zu erkennen, was das Gespiegelte mit uns zu tun hat, braucht es oft detektivisches Gespür. Am besten funktioniert es, wenn wir uns der Sache spielerisch nähern.
Dazu ein Beispiel: Früher habe ich mich über Menschen geärgert, die keine Verantwortung für ihr Leben übernehmen. Eines Tages habe ich

Reflexion: Projektionen entdecken

Wir können Projektionen erkennen, wenn wir uns fragen:
* Was genau regt mich an der anderen Person auf?
* Welche Eigenschaft oder Eigenheit von mir, die ich an mir selbst nicht wahrhaben will, spiegelt mir diese Person?
* Wo handele ich selbst so, wie ich es dem anderen vorwerfe?
* Wo würde ich gern so handeln, erlaube es mir aber nicht?

PRAXIS

dann geschaut, wie sich dieser Teil in mir zeigt. Ich wage zu behaupten, schon immer verantwortlich mit der Gestaltung meines Lebens gewesen zu sein, und ich bin der Meinung, dass jeder Mensch verantwortlich handeln sollte.
Das Erste, was ich entdeckte, war: Ich lade mir aufgrund dieser Überzeugung tendenziell zu viel Verantwortung auf und bin dann gestresst. Verständlicherweise regen mich deshalb Menschen auf, die meiner Meinung nach keine Verantwortung übernehmen. Und es gab auch Bereiche in meinem Leben, in denen ich die Verantwortung nicht übernahm. Wenn mir mal wieder alles zu viel wurde, habe ich mich in mein Zimmer verzogen und gar nichts mehr gemacht. Indem mir dies nun alles bewusst wurde, konnte ich leichter erkennen, wann es für mich angebracht ist, Verantwortung zu übernehmen, und wann ich auch mal

Bemerken, dass du projizierst

Du projizierst,

* wenn dich etwas aufregt. In meinem Beispiel sind das Menschen, die angeblich keine Verantwortung übernehmen.
* wenn du selbstgerecht urteilst. Ich stellte mich über sie, indem ich behauptete: »Die übernehmen keine Verantwortung.«
* wenn du eine starke emotionale Reaktion auf das Verhalten anderer hast, sie also nicht einfach so sein lassen kannst.

Wenn du mit einem Thema nichts zu tun hast, kannst du gelassen und vielleicht auch fasziniert beobachten, wie der andere sich verhält. Wenn du aber auf etwas reagierst, ist es Zeit zu überlegen, was es mit dir zu tun hat. Je heftiger du reagierst, umso sinnvoller wäre diese Überprüfung.

»fünfe grade sein« lassen kann. Dies führte zu mehr innerer Freiheit und Entspannung.

Das Geschenk dahinter

Oft höre ich Seminarteilnehmer oder Klienten sagen: »Nein, so wie diese Person bin ich auf keinen Fall!« An dieser Stelle lohnt es sich, etwas genauer hinzuschauen. Denn manchmal präsentiert uns das Leben unsere Projektion auch wie einen Zerrspiegel. In diesem Fall zeigt sich die ärgerliche Eigenschaft des anderen auf eine Weise, wie wir sie in uns, auch bei genauerem Hinschauen, erst einmal nicht finden können.

In meinem Beispiel konnte ich sehr schnell erkennen, dass ich meistens genau die andere Seite der Medaille lebe, mir also eher zu viel Verantwortung auflade. Meinen Verweigerungsaspekt zu entdecken hat deutlich länger gedauert. In dem Maße, in dem ich mir erlaubte, alles, was mich an den anderen nervte, in mir zu fühlen und in Liebe anzunehmen –, in dem Maße wuchs die Liebe für mich selbst und für meine Mitmenschen.

Genau dies ist der Weg, den ich dir hier auch anbiete. Die anderen helfen uns dabei, uns unserer verdrängten und unbewussten Anteile wieder bewusst zu werden. Zum Heilen müssen sie ans Licht kommen, und unsere spirituelle Intelligenz, der Teil in uns, der mit dem Göttlichen verbunden ist, sorgt dafür, dass uns genau die richtigen Menschen begegnen, damit dies geschehen kann.

Wenn du die Übungen in diesem Kapitel machst, lernst du, auch im Alltag immer besser Projektionen zu erkennen und die beim anderen abgelehnten Eigenschaften in dir zu entdecken. Damit kannst du das

Wer dich am meisten aufregt, ist dein »Engel der Heilung«.

PRAXIS

Mit Kleinigkeiten beginnen

Beobachte im Alltag, wann und worüber du dich aufregst, und prüfe dann, inwieweit du projizierst. Du kannst dafür die Fragen aus der Übung von Seite 59 nutzen. Gute Gelegenheiten bieten sich an der Supermarktkasse, im Straßenverkehr, aber auch im Kontakt mit deinen Liebsten.

Natürlich ist es leichter, den eigenen Anteil zu erkennen, wenn du emotional nicht so stark involviert bist. Fang erst einmal mit den kleinen Ärgernissen des Lebens an. Und wenn es dir da gut gelingt zu erkennen, was dein Gegenüber dir spiegelt, dann kannst du dich den größeren Themen zuwenden.

Projektionsspiel immer schneller beenden und wieder zu Eigenverantwortung und Gelassenheit zurückkommen. Und: Du lernst dich immer besser kennen.

Vorsicht: Falle!

Wenn du erkennst, dass du deine ungeliebten oder unbewussten Anteile auf andere Menschen projizierst, verurteile dich nicht dafür! Damit wäre nichts gewonnen, Heilung kann so nicht erfolgen. Begib dich also nicht in die Falle der Selbstabwertung. Gib dir selbst Anerkennung dafür, dass du jetzt bereit bist, ehrlich hinzuschauen und die Verantwortung für deine Anteile zu übernehmen. Wenn du auf diese Aspekte von dir mit Akzeptanz, ja vielleicht sogar mit Liebe schauen kannst, hat die Heilung bereits begonnen.

Licht-Projektionen

Wir projizieren auf andere Menschen übrigens nicht nur unsere ungeliebten Eigenschaften, unsere Schattenaspekte, sondern auch jene Anteile, die wir uns (noch) nicht erlauben zu leben. Wann immer du jemanden bewunderst, handelt es sich ebenfalls um eine Projektion. Denn du kannst diese geschätzten und vielleicht sogar ersehnten Eigenschaften im anderen nur erkennen, weil es diese Anteile auch in dir gibt. Auch hier lohnt es sich also, genau hinzuschauen und herauszufinden, was dir diese Person spiegelt und welcher bislang übersehene Teil in dir sich danach sehnt, endlich gelebt, anerkannt und geliebt zu werden.

Reflexion: Licht und Schatten in dir sehen

Diese Übung ist eine gute Gelegenheit, deine verborgenen Anteile zu entdecken, die abgelehnten ebenso wie die ungelebten Potenziale. Sei dir bewusst: Du kannst diese Eigenschaften in anderen Menschen nur erkennen, weil es sie auch in dir gibt.

* Frage dich also zunächst: Was stört mich an anderen? Schreib auf, was dich häufig an anderen Menschen ärgert, und schau dann, ob du diese Eigenschaft irgendwo in dir selbst erkennen kannst. Kannst du anerkennen, dass es sich dabei um einen Teil deines Schattens handelt, der sich danach sehnt, geliebt, gewürdigt und akzeptiert zu werden?
* Frage dich dann: Was bewundere ich häufig an anderen Menschen? Wie zeigen sich diese Eigenschaften in dir? Lebst du diese Anteile? Oder traust du dich bisher noch nicht, dich damit zu zeigen? Vielen Menschen fällt es noch schwerer, sich in ihrer ganzen Größe zu zeigen als mit ihren Unzulänglichkeiten. Gehörst du vielleicht auch dazu? Jetzt hast du auf jeden Fall den ersten Schritt getan, dich mit diesem Potenzial anzuerkennen und es nach und nach zu leben.

Das Projizieren beenden

Wozu ist es gut, das Projizieren zu beenden? Zunächst einmal: Indem wir mit dem Projektionsspiel aufhören, können wir unser Gegenüber so wahrnehmen, wie es tatsächlich ist. Auf dieser Basis sind wahrhaftige und authentische Beziehungen möglich.
Außerdem finden wir zu uns selbst zurück, zu unseren Eigenschaften und Möglichkeiten. Und wer sich selbst kennt, beginnt unweigerlich, sich auch zu mögen, zu schätzen und zu lieben.

Projektionen auflösen

Die folgende Übung eignet sich gut, wenn du über eine Person verärgert und bereit bist, die Eigenverantwortung zu übernehmen. Wenn du die Wirkung dieser Übung noch vertiefen willst, kannst du den Text in einem für dich angenehmen Tempo auf dein Handy sprechen, sodass du sie überall für dich nutzen kannst: Du brauchst sie dann einfach nur in einem ruhigen Moment abspielen und kannst so jederzeit üben. Und du kannst dabei bequem deine Augen schließen.
Eine andere sehr angenehme Möglichkeit ist es, sich von einer Freundin mit entspannter Stimme durch diese Übung führen zu lassen.
Auf der CD »Wachsen in Liebe«, die ich gemeinsam mit Colin Tipping produziert habe, findest du diese Übung in einer erweiterten Version. Mit dieser CD kannst du dich von mir durch diesen Prozess führen lassen. Dies hat – ähnlich wie bei der Freundin – den Vorteil, dass du dich ganz auf dein Inneres konzentrieren kannst.
Auf jeden Fall gibt dir die Übung die Möglichkeit, schnell und effektiv deine Projektionen zu erkennen, sie zu transformieren und dich wieder dafür zu öffnen, die Vollkommenheit in der jeweiligen Erfahrung zu sehen. Ein schönes Lied, um diese Übung abzurunden, ist übrigens »Ich will den Weg der Liebe gehen« von Gila Antara.

Übung: Projektionen zurücknehmen

* Setze dich bequem hin und nimm einige tiefe Atemzüge.
* Richte deine Aufmerksamkeit auf eine Person, die dich nervt oder die dich verärgert hat. Spüre nach: Welche Gefühle löst ihr Verhalten bei dir aus? Was ist im Moment dein stärkstes Gefühl?
* Wo in deinem Körper nimmst du dieses Gefühl besonders wahr?
* Falls möglich, leg eine Hand an diese Stelle. Lass dich atmen und innerlich Ja sagen dazu.
* Frage dich weiter: Was hast du von dieser Person erwartet und inwiefern hat sie deine Erwartungen nicht erfüllt? Welche Eigenschaft stört dich an ihr besonders?
* Lass nun vor deinem inneren Auge einen Spiegel auftauchen. Schau hinein und erlaube dir zu spüren, was passiert, wenn du alle Vorwürfe, Erwartungen und Wünsche zu dir zurücknimmst.
* Erinnere dich daran, welche Eigenschaft dich an der Person besonders stört. Wie zeigt sich dieser Aspekt in dir? Wo handelst oder bist du genauso? Wo würdest du gern so handeln, erlaubst es dir aber nicht?
* Bist du jetzt bereit, diesen Teil von dir anzunehmen und zu lieben? Bist du jetzt bereit, dich in deinem So-Sein anzunehmen und dein Herz für dich zu öffnen?
* Bist du jetzt bereit, auch für die andere Person dein Herz zu öffnen? Sie anzunehmen, wie sie ist?
* Wie fühlst du dich jetzt in Bezug auf den anderen? Hat sich deine Wahrnehmung verändert?
* Nimm dir noch etwas Zeit, lass dich atmen und erlaube dir, dein Herz weit werden zu lassen. Verbinde dich mit dem Gefühl der Liebe, für dich, für die andere Person, für alles, was ist.

PRAXIS

Vergebung löst jede Projektion

Natürlich ist es nicht immer einfach zu erkennen, welche Teile des eigenen Schattens von einem Gegenüber aktiviert werden. Doch das Wunderbare an der hier vorgestellten Methode ist, dass es nicht einmal notwendig ist, genau zu wissen, was wir projizieren. Indem wir der anderen Person für das, was sie getan hat, oder für das, was uns an ihr stört, vergeben, vergeben wir automatisch auch uns selbst. Wir lösen die Projektion auf, wie verwickelt die Situation auch sein mag. Das funktioniert deshalb so zuverlässig, weil die Person, der wir vergeben, jenen Konflikt in uns repräsentiert, der die Projektion in Gang gesetzt hatte.

Wenn wir anderen vergeben, heilen wir damit unsere eigenen alten Wunden.

Heilen statt Loswerden-Wollen

Es geht also nicht darum, unsere Schattenanteile »loszuwerden«, sondern darum, sie genauso wie sie sind, anzunehmen und zu integrieren. Damit geschieht Transformation – wahre Verwandlung.
Wie immer gilt: Es ist wichtig, all die Gefühle anzuerkennen, die in uns sind. Wirklich verwandeln können sie sich erst, wenn wir sie in Liebe annehmen. Dann geschieht der Wandel ganz von allein. Denn das Außen folgt immer unserer inneren Veränderung.

Ein großes Ganzes

Ein weiterer wichtiger Aspekt kommt hinzu: Energetisch sind wir Menschen alle miteinander verbunden. Auf dieser Basis stellt sich nicht mehr die Frage: Ist das, was du spürst, deines oder gehört es zu jemand anderem? Es ist da, also erlaubst du dir, es zu fühlen. Indem du es fühlst, darf es sich verwandeln. Und wenn du etwas in dir heilst, hat das eine Auswirkung auf das Ganze, dessen Teil du bist. Mit jedem Schritt, den du in Richtung Selbstakzeptanz und Selbstliebe tust, heilst du also nicht nur dich selbst, sondern trägst auch bei anderen zu mehr Zufriedenheit und Harmonie bei. Ist das nicht wundervoll?

Eigenverantwortung

Mit all dem kommen wir wieder zum Thema Eigenverantwortung. Ohne sie ist kein erfülltes Leben möglich – und auch keine Selbstakzeptanz. Denn du trägst ja alles in dir, um dein Leben selbstverantwortlich zu gestalten. Dein Potenzial will genutzt werden, denn damit akzeptierst du dich in deinem ganzen Wesen.
Deine Umwelt spiegelt dir all das wider, was in dir ist. Auch das, was in dir noch nicht geheilt ist und ans Licht kommen möchte. Du kannst dich dagegen wehren – oder es in Liebe annehmen. Die Qualitäten, die du lebst, unterliegen genauso deiner Verantwortung wie die Qualitäten in dir, die du nicht lebst, die du verleugnest oder dich nicht zu zeigen traust. Erlaube dir jetzt, alles in dir anzunehmen und dein Potenzial wirklich zu leben.

Ewig Kind sein

Das innere Kind ist ein wichtiger Anteil in uns, der ein Leben lang bei uns ist, der gewürdigt und geschätzt, gelebt und genossen werden will. Das Wissen darum sollte keineswegs dazu führen, dass wir unentwegt zurückschauen und uns aufzählen, was in unserer Kindheit alles schiefgelaufen ist. Es ist irgendwann an der Zeit, für die Teile von uns, die wir als Kind (oder später) »abgegeben« haben, wieder die Verantwortung zu übernehmen. Dann lernen wir, zu uns zu stehen und unser Leben aktiv und eigenverantwortlich zu gestalten. Wir werden wirklich erwachsen – und können uns dann auch angemessen um die kindlichen Anteile in uns kümmern.

Sich von Schuld und Scham befreien

Du hast jetzt eine gute Basis geschaffen, um noch etwas tiefer zu dir selbst zu kommen. Du hast erkannt, wie wichtig es ist, dich selbst mit all deinen Licht- und Schattenanteilen anzunehmen und die Verantwortung für deine Überzeugungen und damit auch für deine Erfahrungen zu übernehmen. Nun wenden wir uns einem heißen Eisen zu, das in hohem Maße dazu beiträgt, unsere Lebensenergie zu blockieren: die Geschwister Schuld und Scham. Es sind zwei Aspekte, die uns unendlich viel Energie kosten und unserer Selbstannahme oft im Weg stehen.

Alte Prägungen

Viele von uns sind religiös geprägt und mit dem Bild eines strafenden Gottes aufgewachsen. Doch selbst wenn wir dies nicht unmittelbar in der Familie erlebt haben, ist das Schuld- und Sühne-Prinzip in unserer Gesellschaft so fest verankert, dass fast jeder damit konfrontiert wird. Im Allgemeinen fühlen wir uns schuldig für etwas, was wir getan haben. Die Scham bezieht sich hingegen auf unser Sein. Wenn wir unserem Partner gegenüber aufbrausend waren, entstehen Schuldgefühle, dass wir so ungerecht waren. Dann schämen wir uns für unsere aufbrausende Art. Die Schuldgefühle beziehen sich mehr auf unser Handeln, das Gefühl der Scham auf unser Wesen.

Scham – nicht leicht zu ertragen

Schamgefühle werden dann ausgelöst, wenn wir von anderen Missbilligung erfahren oder diese vermuten, wenn wir uns bloßgestellt fühlen oder das Gefühl haben, uns lächerlich zu machen. Wir sind verunsichert, erröten, werden handlungsunfähig oder reagieren wütend. Der Versuch, diesen Gefühlen auszuweichen oder sie zu vertuschen, macht es noch schwieriger, mit der Scham umzugehen.

Oft entsteht Scham also, wenn wir von einer Norm oder einer vermeintlichen Norm abweichen – und damit riskieren, von den anderen nicht mehr akzeptiert zu werden. Das ist nicht verwunderlich, denn in früheren Zeiten war es tatsächlich lebensbedrohlich, aus der Gemeinschaft ausgestoßen zu werden. Deswegen haben wir viele Mechanismen in uns, die verhindern, dass wir uns allzu individuell zeigen. Liv Larsson schreibt in ihrem sehr empfehlenswerten Buch »Wut, Schuld und Scham – drei Seiten einer Medaille«: »Scham ist vielleicht die wirksamste Erinnerung daran, welchen Wert der Respekt vor den Grenzen anderer hat. Wenn wir sie konstruktiv nutzen, statt uns dafür zu schämen, können wir zu einer Hellhörigkeit sowohl für unsere eigenen Gefühle und Bedürfnisse als auch für die anderer zurückfinden.«

Schuld und Scham blockieren unsere Lebensenergie

Stell dir einen kleinen Bach vor, der munter vor sich hin fließt. In diesem Bach liegen immer wieder Baumstämme quer. Mit der Zeit setzt sich an diesen Stämmen Geäst und Schlick fest, Unrat und Steine bleiben darin hängen, der Fluss des Wassers wird langsamer und das Wasser trüber.

Unsere Schuld- und Schamgefühle sind wie diese Baumstämme und Steine, die den Fluss unserer Lebensenergie blockieren. Wenn wir uns ihrer nicht bewusst sind, wirken sie wie ein Staudamm für unsere Lebenskraft. Anfangs waren sie vielleicht noch klein, doch im Lauf der Zeit verfestigten sie sich immer mehr, wir nehmen sie immer mehr als Tatsachen wahr. Wenn wir aber nun unsere Forscherlampe darauf richten, uns diesen Staudamm genauer anschauen und die Hölzer nach und nach entfernen, kann unsere Lebensenergie wieder frei fließen.

PRAXIS

Reflexion: Schuld und Scham entlarven

Nimm dir etwas Zeit und spüre in dich hinein. Beantworte dir die beiden folgenden Fragen:

* Wofür genau fühle ich mich schuldig?
* Wofür schäme ich mich?

Erstelle dazu jeweils eine Liste in deinem Forschungsbuch und notiere dir dabei auch, was dir zu diesen Themen noch auffällt oder klarer wird. Sei gnädig mit dir selbst und verurteile dich bitte nicht zusätzlich dafür, dass du dich verurteilst.
Die nachfolgenden Übungen werden dir helfen, diese Gefühle zu transformieren und diese Themen in dir zu heilen.

Berechtigte und unberechtigte Schuldgefühle

Colin Tipping unterscheidet sehr treffend zwischen berechtigter und unberechtigter Schuld. Diese Unterscheidung war für mich eine sehr wichtige Erkenntnis. Aufgewachsen in einem katholischen Umfeld, war ich immer schnell dabei, wenn es darum ging, mich für alles Mögliche schuldig zu fühlen. Wenn ich beispielsweise spürte, dass mein Partner unglücklich ist, war mein erster Gedanke: »Was habe ich falsch gemacht?« Oder wenn meine Tochter in der Schule Mist gebaut hatte, tauchte sofort die beunruhigte Frage in mir auf: »Liegt es an mir?«
Natürlich ist es wichtig, die Verantwortung für unser eigenes Handeln zu übernehmen und bereit zu sein, in den Spiegel des Lebens zu schauen. Doch aus eigener Erfahrung weiß ich, dass man es damit auch übertreiben kann. Wir sollten also Eigenverantwortung nicht mit Schuld verwechseln. Wir sind nicht schuldig, auch wenn wir das viel-

leicht so gelernt haben. Wir können Fehler machen – aber wir sind als Wesen deshalb nicht schuldig. Für Fehlverhalten einzustehen ist wichtig, doch Schuldgefühle bringen uns nicht weiter. Sie können uns aber als Indikator dienen, genauer hinzuschauen, worum es in der Situation geht.

»Berechtigte« Schuldgefühle?

Kann es »berechtigte« Schuldgefühle geben? Was meine ich mit »berechtigt«? Es gibt Dinge in unserem Leben, für die können und sollen wir die Verantwortung übernehmen. Aber es gibt auch tausende Ereignisse, die nicht in unserer Macht liegen. Wie es unserem Partner geht, liegt nicht in unserer Verantwortung. Wir können unser Bestes tun, um ihn zu unterstützen. Aber mit Schuldgefühlen dienen wir weder ihm noch uns.
Ich schreibe »berechtigt« in Anführungszeichen, denn ich glaube, dass Schuldgefühle niemals hilfreich sind. Stattdessen sollte es darum gehen, die Verantwortung für das eigene Handeln zu übernehmen.
Wenn du deinem Partner gegenüber Schuldgefühle hast, frage dich, ob du ihm gegenüber vielleicht aufbrausend oder unfair warst. Wenn ja, dann frage dich: »Warum bin ich so? Was lässt mich so unzufrieden sein? Bin ich überfordert? Was brauche ich gerade wirklich?«
Und dann sorge gut für dich und gib dir selbst das, was du brauchst

Reflexion: Die Schuld-Frage

Wann immer Schuldgefühle auftauchen, solltest du innehalten und dir folgende Frage stellen: »Ist es angemessen, mich jetzt schuldig zu fühlen?« Oder sogar: »Bin ich berechtigt, diese Schuldgefühle zu haben?« Dir diese Frage zu stellen befreit schon viel von deiner Energie.

und was dir guttut. Wenn du gut für dich sorgst, lernst du dabei auch, Schuld- und Schamgefühle als hilfreiche Signale anzusehen. Sobald sie auftauchen, weißt du, dass du ihnen auf den Grund gehen solltest. Das tut dir gut – und nicht zuletzt natürlich auch deiner Liebesbeziehung.

Schuld und Scham transformieren

Selbstakzeptanz setzt ganz wesentlich an der Selbstvergebung an. Wenn wir uns nichts mehr vorwerfen, können wir uns auch achten und lieben. Einer der wichtigsten Schritte ist es daher, Schuld und Scham aufzulösen. Und genau das tun wir jetzt – mit dem seit vielen Jahren bewährten Kernstück der Tipping-Methode, dem Arbeitsblatt zur Selbstvergebung.

»Arbeitsblatt« nennen wir bei dieser Methode einen geführten Prozess in Formularform. Es gibt Felder zum Ankreuzen und Felder, in die etwas mehr eingetragen wird. Du äußerst dich in so einem Arbeitsblatt zu der Situation, um die es für dich gerade geht. Und du beginnst dich dafür zu öffnen, dass das Geschehen Teil eines größeren und in sich stimmigen Ganzen gewesen sein könnte. Mit diesem Prozess durchläufst du dabei die fünf Stadien der Heilung, die du auf Seite 30 kennengelernt hast.

Das Arbeitsblatt zur Selbstvergebung

Anfangs kann die Formularform etwas ungewohnt sein. Den Prozess auf diese Weise schriftlich zu durchlaufen hat sich jedoch seit vielen Jahren bewährt. Obwohl du in das Arbeitsblatt »nur« etwas einträgst, setzt dies eine positive Veränderung in Gang. Die beste Wirkung erzielst du, wenn du die Fragen und deine Antworten dazu beim Eintragen laut aussprichst und dir die Zeit nimmst, die damit verbundenen Gefühle auch wirklich zu fühlen.

Übung: Schuld- oder Schamgefühl

Wähle aus deiner Liste von der Übung auf Seite 70 eine Situation aus, in der du Schuldgefühle hattest. Erinnere dich, wie du dich in dieser Situation gefühlt hast, und erlaube dir zu fühlen, wie es dir jetzt damit geht. Welche Gedanken tauchen auf? Was geschieht in deinem Körper? Was empfindest du? Nimm dir Zeit, alles zu erinnern und zu fühlen. Dann fülle das Arbeitblatt aus.
Wenn du mit einem Schamgefühl arbeiten willst, gehst du genauso vor: Wähle die Situation aus und versetze dich noch einmal in das Gefühl hinein. Was war der Auslöser für dein Gefühl der Scham? Wie hat dein Körper reagiert? Erlaube dir auch zu fühlen, wie es dir jetzt damit geht. Was empfindest du jetzt?
Dann fülle auch dafür ein Arbeitsblatt zur Selbstvergebung aus.

Tipp: Der Umgang mit dem Arbeitsblatt

Das folgende Arbeitsblatt wird für jede Scham- oder Schuldsituation neu ausgefüllt. Es empfiehlt sich daher, Kopien anzufertigen, am besten gleich mehrere. Leg sie an eine für dich jederzeit zugängliche Stelle. Wann immer etwas auftaucht, wofür du dich schuldig fühlst oder schämst, kannst du dann eines dieser Arbeitsblätter ausfüllen und wenn nötig Extrablätter nutzen. Das Arbeitsblatt lässt sich auch auf meiner Website herunterladen (Seite 125). Aber du kannst deine Antworten auch in dein Forschungsbuch schreiben.

Arbeitsblatt zur Selbstvergebung

Sprich die Texte und deine Einträge möglichst laut aus.

(1) Was ich getan oder versäumt habe, wofür ich mich selbst beschuldige oder wofür ich mich schäme:

....

....

(2) Was mein innerer Kritiker dazu sagt:

....

....

(3) In Bezug auf die Situation / das Thema fühle ich mich:

....

....

(Welche Gefühle nimmst du wahr? Wo in deinem Körper spürst du sie besonders? Wenn du magst, leg eine Hand an diese Stelle und gib dem Gefühl Raum.)

Falls du keine Begriffe für deine Empfindungen findest, kannst du hier das Zutreffende ankreuzen und nach Belieben ergänzen.

☐ ablehnend	☐ herablassend	☐ verzweifelt	☐ wütend
☐ frustriert	☐ kritisch	☐ irritiert	☐ skeptisch
☐ beschämt	☐ schwach	☐ traurig	☐ verletzt
☐ feindselig	☐ sarkastisch	☐ hasserfüllt	☐ eifersüchtig
☐ rachsüchtig	☐ aufbrausend	☐ teilnahmslos	☐ isoliert
☐ minderwertig	☐ dumm	☐ reuevoll	☐ deprimiert
☐ schuldig	☐ lebensmüde	Andere, und zwar:	....

(4) Bring die folgenden vier Gefühle in eine Reihenfolge von a bis d, wobei a für das gegenwärtig stärkste Gefühl steht:

☐ Schuld ☐ Ärger ☐ Angst ☐ Scham

Ordne nun jedem Gefühl eine Zahl von 1 bis 10 zu, wobei 1 für sehr schwach und 10 für sehr stark steht:

☐ Schuld ☐ Ärger ☐ Angst ☐ Scham

(Im ersten Schritt erkennst du für dich, welches Gefühl vorherrschend ist, im zweiten Schritt nimmst du wahr, wie stark das jeweilige Gefühl ausgeprägt ist.)

(5) Selbstachtung: Auf einer Skala von 1 bis 10 (wobei 1 extrem niedrig und 10 extrem hoch bedeutet) ist mein Selbstwertgefühl: ....

(6) Meine Schuldgefühle aufgrund dessen, was passiert ist, sind:

☐ angemessen ☐ unangemessen ☐ gemischt

(7) Ich erkenne meine Gefühle liebevoll an, akzeptiere sie und höre auf, sie zu beurteilen. Ich bin dafür:

☐ Bereit ☐ Offen ☐ Skeptisch ☐ Nicht bereit

(8) Ich habe ein Recht auf meine Gefühle. Sie reflektieren, wie ich mich in Bezug auf diese Situation sehe.

☐ Bereit ☐ Offen ☐ Skeptisch ☐ Nicht bereit

(9) Ich bemerke, dass sich in meinem Leben Muster wiederholen und ich dadurch zahlreiche Gelegenheiten zur Heilung habe. In der Vergangenheit konnte ich diese allerdings nicht als solche erkennen.

....

....

....

....

....

....

....

....

....

(Benenne hier Situationen, in denen du die gleichen oder ähnlichen Erfahrungen gemacht hast. Vielleicht erkennst du das Muster, das Thema, das sich in deinem Leben wiederholt – wenn nicht, ist das auch okay.)

(10) Ich erkenne jetzt, dass nichts von dem, was ich oder andere tun, richtig oder falsch ist. Ich lasse alle Urteile fallen.

☐ Bereit ☐ Offen ☐ Skeptisch ☐ Nicht bereit

(11) Ich lasse das Bedürfnis los, mich selbst zu beschuldigen und im Recht zu sein, und ich bin bereit, die Vollkommenheit in der Situation zu sehen.

☐ Bereit ☐ Offen ☐ Skeptisch ☐ Nicht bereit

(12) Auch wenn ich nicht weiß, warum, sehe ich jetzt, dass meine Seele diese Situation herbeigeführt hat, damit ich lernen und wachsen kann.

☐ Bereit ☐ Offen ☐ Skeptisch ☐ Nicht bereit

(13) Ich bin bereit zu sehen, dass es Teil meiner Lebensaufgabe oder Seelenvereinbarung war, zu tun, was ich getan habe – aus welchem Grund auch immer.

☐ Bereit ☐ Offen ☐ Skeptisch ☐ Nicht bereit

(14) Auch wenn ich es nicht verstehe, erkenne ich nun, dass ich genau das bekommen habe, was ich von einer höheren Ebene aus wollte.

☐ Bereit ☐ Offen ☐ Skeptisch ☐ Nicht bereit

(15) Ich entlasse alle negativen Gefühle, Ideen oder Selbstbeurteilungen (wie unter 2. und 3.) aus meinem Bewusstsein.

☐ Bereit ☐ Offen ☐ Skeptisch ☐ Nicht bereit

(16) Die neue Perspektive: Ich erkenne jetzt, dass das, was ich erlebt habe, eine genaue Widerspiegelung meiner menschlichen Wahrnehmung war. Wenn ich jetzt aus der Perspektive der spirituellen Vollkommenheit auf diese Situation schaue, erkenne ich Folgendes:

....

....

(Versuche das Erlebte aus einer neuen Perspektive zu beschreiben.)

(17) Ich vergebe mir (dein Name) .... vollständig und nehme mich selbst als liebende, großzügige und kreative Person an. Ich ziehe meine Energie aus der Vergangenheit ab und verbinde mich mit der Liebe, die in mir ist. Ich bestimme meine Gedanken, meine Gefühle und mein Leben, und ich erlaube mir, ganz ich selbst zu sein, mich selbst bedingungslos zu lieben und zu unterstützen, so wie ich bin, mit allem, was mich ausmacht.

(18) Ich vertraue darauf, dass diese Situation sich weiterhin in Vollkommenheit und im Einklang mit meiner göttlichen Führung und den spirituellen Gesetzmäßigkeiten entfalten wird. Ich erkenne meine Einheit mit allem und fühle mich vollkommen mit der Quelle meines Seins verbunden. Meine wahre Natur, die Liebe, ist wiederhergestellt. Ich schließe meine Augen, um die Liebe zu fühlen, die in meinem Leben fließt, und die Freude, die aufkommt, wenn ich diese Liebe fühle und ausdrücke.

(Erlaube dir, die Kraft dieser Aussagen in dir zu fühlen und wirken zu lassen.)

(19) Eine Notiz an mich selbst:

....

....

....

(Hier kannst du dir beispielsweise dafür danken, dass du dich auf diesen Prozess eingelassen hast, und dich in deiner Ganzheit wertschätzen.)

(20) Mein Selbstwertgefühl, nachdem ich dieses Arbeitsblatt ausgefüllt habe, ist auf einer Skala von 1 bis 10 (1 niedrig und 10 hoch) jetzt:

....

(21) Ich erkenne an, dass ich ein spirituelles Wesen bin, das eine menschliche Erfahrung macht, und ich liebe und unterstütze mich in allen Aspekten meines Menschseins.

Zum Abschluss:

Nimm dir nun noch einen Moment Zeit, um nachzuspüren und die Veränderung auf allen Ebenen deines Seins zu integrieren. Du kannst dabei eine entspannende Musik hören, die die Integration unterstützt und dir die Zeit gibt, den Prozess abzurunden. Es sollte eine Musik sein, die dir hilft, dein Herz für dich zu öffnen.
Wenn du magst, kannst du anschließend in deinem Forschungsbuch kurz notieren, wie du dich nach dem Ausfüllen des Arbeitsblattes gefühlt hast.

Befreiung durch Selbstvergebung

Während du das Arbeitsblatt ausfüllst, helfen dir natürlich auch wieder die drei Schlüssel, die du ab Seite 32 kennengelernt hast: Fühlen, bewusstes Atmen und Achtsamkeit. Sie lassen dich tiefer in dein Inneres tauchen und du kannst erfahren, wie sich durch das einfache intuitive Beantworten der Fragen leise ein heilsamer Wandel in dir vollzieht.
Die Aussagen, die du in dem Arbeitsblatt vorfindest, können teilweise ziemlich ungewohnt für dich sein. Doch du hast alle Zeit der Welt, immer wieder neu zu prüfen, inwieweit du dich ihnen öffnen kannst und willst.
Prüfe dabei auch stets neu, ob dich nicht tief verankerte Glaubenssätze daran hindern, dir zu vergeben und dein Leben aus einer höheren Perspektive zu betrachten. Und da Glaubenssätze der Selbstakzeptanz sehr häufig entgegenstehen, wie bereits ab Seite 23 zu sehen war, soll es jetzt um ein paar spezielle Übungen gehen, mit denen sie sich nach und nach auflösen lassen.

Glaubenssätze vollständig auflösen

Sicher ist dir mittlerweile bewusst, dass es hier nicht darum geht, schädliche Überzeugungen loszuwerden, weil das zum einen nicht funktioniert und es zum anderen viel bessere Wege gibt, damit umzugehen. Sie loswerden zu wollen, wäre ein Akt des Widerstands. Deshalb ist es auch bei der folgenden Übung wichtig, die Überzeugungen zunächst voll und ganz zu akzeptieren und die damit verbundenen Gefühle zu fühlen.
Doch dann gehen wir natürlich einen Schritt weiter und erlauben, dass sich diese einschränkenden Glaubenssätze verwandeln dürfen. Dadurch wird der Weg frei zu vollkommener Selbstannahme.

Hinter jedem Glaubenssatz steckt ein Gefühl

Mit jeder Überzeugung, jedem Glaubenssatz verbinden sich bestimmte Gefühle. Wenn du glaubst »Ich bin liebenswert«, wird es in dir ganz warm, weit und freudvoll. Wenn du jedoch glaubst: »Alle sind gegen mich«, wie fühlt sich das an? Es wird wohl eng, du kannst kaum noch atmen und möchtest dich am liebsten verkriechen.

Erlaube dir auch im Alltag, ganz bewusst wahrzunehmen, was geschieht, wenn du deine Aufmerksamkeit auf eine bestimmte Überzeugung richtest. Wie fühlt sich genau diese Überzeugung in deinem Körper an? Welche Gefühle löst sie in dir aus? Nachdem du die Überzeugung und die damit verbundenen Gefühle noch einmal ganz bewusst erfahren hast, kannst du die Identifikation damit auflösen. Dies funktioniert, indem du anerkennst, dass es sich hier einfach um eine Überzeugung handelt, die du irgendwann – aus welchem Grund auch immer – angenommen hast. Also kannst du sie nun auch wieder absichtsvoll gehen lassen, indem du ihr keine Energie mehr zuführst. Dies befreit deine Lebenskraft und macht dich zur bewussten Schöpferin, zum bewussten Schöpfer deines Lebens.

Glaubenssätze transformieren

Die folgende Übung dient dir dazu, einschränkende Glaubenssätze zu transformieren und immer mehr zu erkennen, was wirklich deinem Wesen entspricht. Schau dazu noch einmal nach, welche Überzeugungen du bei dem Test ab Seite 14 entdeckt hast, die dir jetzt nicht mehr dienlich sind. Auch deine Eintragungen zu der Reflexion: »Überzeugungen erkennen« (auf Seite 24) kannst du dafür gut nutzen. Und natürlich kannst du diese Übung in deinem Alltag jederzeit anwenden, wenn du eine Überzeugung entdeckst, die dich belastet, behindert und die deiner Selbstakzeptanz im Weg steht.

Übung: Glaubenssätze transformieren

* Richte deine Aufmerksamkeit auf den Glaubenssatz und das damit verbundene Gefühl. Identifiziere dich noch einmal ganz bewusst mit diesem Glaubenssatz. Gib jeden eventuell noch vorhandenen Widerstand auf, indem du dir die Erlaubnis gibst, jetzt alles fühlen zu dürfen.
* Wie fühlt es sich an, diese Überzeugung zu haben? Wie fühlt es sich an, wenn du beispielsweise glaubst, nicht gut genug zu sein? Erlaube dir, die damit verbundenen Gefühle voll und ganz zu erfahren. Nimm wahr, welchen Raum diese Überzeugung in deinem Körper einnimmt. Macht sie dich eng oder angespannt? Wo spürst du sie besonders stark?
* Erlaube nun, dass sich die mit dem Glaubenssatz verbundenen Gefühle in deinem ganzen Körper ausbreiten, vielleicht sogar noch darüber hinaus. Dehne dich aus in diesem Gefühl, bis du bemerkst, dass die Intensität nachlässt. Jetzt hast du die äußersten Grenzen des Gefühls erreicht.
* Tritt nun innerlich heraus aus dieser Überzeugung – wenn du magst auch mit einem realen Schritt – und schau von außen darauf. Mach dir bewusst: »Dies bin nicht ich, dies ist einfach eine Überzeugung.« oder: »Dies ist die Überzeugung, nicht gut genug zu sein.« Indem du dies aussprichst, löst du die Identifikation mit dem Glaubenssatz auf.
* Lass nun zu, dass sich diese Überzeugung vollkommen auflöst. Du kannst dir vorstellen, wie sie vom Wasser eines Flusses weggespült wird oder wie du den Schalter auf »Aus« stellst.
* Verweile mit deiner Aufmerksamkeit ganz im Jetzt.

Die vielen Anteile in dir

Glaubenssätze haben oft noch eine andere Ebene: Sie werden von bestimmten Persönlichkeitsanteilen in uns lebendig gehalten: Der innere Antreiber macht uns dann glauben: »Du bist nur etwas wert, wenn du etwas leistest«, und die innere Verängstigte ist überzeugt: »Den Menschen ist nicht zu trauen«. Natürlich widersprechen sich die Glaubenssätze dieser Anteile häufig – und überhaupt machen sie das Leben zunächst nicht leichter.

Jeder hat seine Aufgabe

Der Kern der Selbstakzeptanz ist: anzuerkennen, dass auch schwierige Anteile von uns eben genau das sind – Teile von uns. Deshalb geht es darum zu verstehen, wofür sie da sind, und sie zu akzeptieren Das ist kein Widerspruch zu unserem Streben, »besser« zu werden, also geduldiger, toleranter, freudiger, gelassener oder ausgeglichener. Dies passiert nämlich beinahe von selbst, wenn wir mit unseren inneren Anteilen in Frieden sind und erfahren haben, dass sie uns letztlich unterstützen. Der innere Antreiber nervt, sicher, aber er treibt uns auch zu Höchstleistungen an, auf die wir dann stolz sein können. Und die Verängstigte mahnt zur Vorsicht, wenn wir zu vertrauensselig sein möchten.

Voice Dialogue

Das Psychologenpaar Hal und Sidra Stone hat eine hervorragende Methode entwickelt, um mit den inneren Anteilen in Kontakt zu kommen: den Voice Dialogue Er lässt sich bestens mit der Vergebungsarbeit kombinieren, insbesondere damit, wenig förderliche Glaubenssätze aufzulösen. Denn er ermöglicht eine unmittelbare Erfahrung mit einzelnen Mitgliedern des »inneren Teams«. Wir lauschen dem, was sie zu sagen haben, vermitteln zwischen den einzelnen Stimmen und erfahren uns selbst als die zentrale Kraft in der Mitte.

Übung: Voice Dialogue

* Wähle eine Eigenschaft, die dich an dir besonders stört. Vielleicht Ungeduld oder die Trägheit in einem Lebensbereich.
* Stell zwei Stühle einander so gegenüber, dass du mit geschlossenen Augen entspannt den Platz wechseln kannst. Auf dem einen Stuhl sitzt du als dein bewusstes Selbst, an diesem Platz beginnst und beendest du die Übung.
* Der zweite Stuhl ist für den Anteil, mit dem du jetzt ins Gespräch kommen möchtest. Es ist der Persönlichkeitsaspekt in dir, der für diese ungeliebte Eigenschaft steht: also die Ungeduldige oder der Träge zum Beispiel.
* Schließ deine Augen und stell dir vor, dass dieser Anteil dir jetzt auf dem anderen Stuhl gegenübersitzt. Stell ihn dir wie eine reale Person vor. Ist dieser Aspekt männlich oder weiblich? Wenn du eine Frau bist, kann dieser Anteil auch männlich sein, und umgekehrt. Vielleicht siehst du den Anteil auch weniger, sondern spürst ihn in seinem Wesen.
* Nun sprich zu diesem Teil deines Selbst, erlaube dir, ihn zu konfrontieren. Sprich aus, was er dir angetan hat, welchen Schaden sein Verhalten bei dir verursacht hat, wie sehr dich sein Verhalten verletzt hat oder einfach, wie du dich ihm gegenüber fühlst.
* Wenn der erste Schwung raus ist, wechsle den Platz. Lass die Augen geschlossen, damit du ganz in der Vorstellung bleiben kannst, dass du im Dialog mit einem inneren Anteil bist. Werde ganz zu diesem Anteil. Fühle, wie du dich als dieser Anteil fühlst, und sprich es aus. Vielleicht verbindet sich auch eine bestimmte Körperhaltung mit diesem Anteil.

* Sprich das bewusste Selbst ganz direkt an. Erlaube dir auch jetzt, alles auszusprechen, was auftaucht. Zensiere dich nicht. Sag dem bewussten Selbst auch, wie sehr es dich verletzt hat, immer abgelehnt, ignoriert oder verurteilt zu werden.
* Nun kommt ihr miteinander ins Gespräch. Dazu wechselst du immer wieder den Platz, sodass beide Seiten abwechselnd die Möglichkeit haben, zu sprechen. Es ist hilfreich, schnell zu wechseln, sodass eine Eigendynamik entsteht. Denke nicht lange nach, lass die Worte spontan auftauchen. Es tauchen oft ganz überraschende Antworten aus der Tiefe des Unterbewusstseins auf.
* Führe diesen Dialog fort, bis es eine Einsicht, eine Erleichterung, ein Gefühl von Frieden gibt. Bis du erkennen kannst, was dieser Anteil auch an Gutem für dich bewirkt hat.
* Ende am Platz des bewussten Selbst und schau, was du jetzt zum Abschluss diesem Aspekt von dir noch sagen möchtest. Das kann so etwas sein wie: »Ich danke dir, dass du mich unterstützt hast, meinen Weg zu gehen … dass du mir geholfen hast, erfolgreich zu sein …, dass du mich Geduld gelehrt hast.«
* Nimm diesen Anteil mit einer Geste wieder zu dir zurück, lass ihn wieder mit dir verschmelzen und öffne dein Herz für dich: einen Menschen, zu dem unter anderem dieser Aspekt gehört. Nimm dich mit allem an, was dich ausmacht.
* Bleib noch still sitzen und verbinde dich mit dem Gefühl des inneren Friedens. Wenn du so weit bist, öffne deine Augen.

Das Energiefeld klären

Bei so viel innerer Arbeit ist es zwischendurch immer wieder gut, das eigene Energiefeld zu klären. Dafür dient die folgende Übung. Du kannst sie auch dann machen, wenn du dich neu darauf ausrichten willst, was dir wirklich wichtig ist. Auch mitten in einer herausfordernden Situation oder Lebensphase wirkt sie bestens.
Der Reinigungsprozess dauert nur ein paar Minuten, doch er kann dich davor bewahren, in das Drama eines Geschehens verwickelt zu werden und auf unbestimmte Dauer ins »Opferland« zu geraten. Sobald du bemerkst, dass du dich über etwas aufregst, über dich oder andere urteilst oder eine Situation anders haben willst, als sie ist, nutze diese Übung.

Nur vier Schritte

Diese Klärung des Energiefelds erfolgt in vier Schritten. Im ersten sagen wir: »Schau, was ich kreiert habe.« Es ist ein spirituelles Gesetz – bestätigt durch moderne Wissenschaften – dass das, was in der Welt geschieht, ein Abbild unseres Bewusstseins ist. Nur glauben wir im Alltag oft nicht, dass wir unseren Anteil am Geschehen haben. Wenn wir nun aber sagen »Schau, was ich kreiert habe!«, dann öffnen wir uns genau dafür. Dies ist ein wichtiger Punkt, wenn wir die Verantwortung für das, was in unserem Leben geschieht, übernehmen wollen. Und nur wenn wir das tun, können wir unser Leben auch tatsächlich bewusst gestalten.
Im zweiten Schritt sagen wir: »Ich bemerke meine Gefühle und meine Urteile und liebe mich dennoch.« Dieser Schritt ermöglicht uns, unsere Menschlichkeit anzuerkennen und uns liebevoll anzunehmen. Als Menschen verbinden wir automatisch eine ganze Reihe von Beurteilungen, Interpretationen und Überzeugungen mit allem, was in unserem Leben passiert. Wenn wir dies jedoch klar erken-

nen, bewahren wir unsere Bewusstheit und können mit unseren Gefühlen und unserem authentischen Selbst in Kontakt bleiben, was auch immer geschieht.

Der dritte Schritt heißt: »Ich bin bereit, die Vollkommenheit in der Situation zu sehen.« Diese Bereitschaft ist der wichtigste Schritt in diesem Prozess. Dies ist der Punkt, an dem wir uns die Ansicht erlauben, dass sogar in diesem von uns vielleicht als schrecklich, unwürdig oder ungerecht empfundenen Ereignis eine Art göttliche Vollkommenheit am Werk sein könnte. Wir öffnen uns dafür anzuerkennen, dass auch diese Situation letzten Endes unserer Entwicklung und unserem spirituellen Wachstum dient.

Vierter Schritt: »Ich entscheide mich für den Frieden.« Dieser Schritt ist die natürliche und folgerichtige Konsequenz der vorangegangenen. Es ist unweigerlich Frieden, was wir fühlen, sobald wir bereit sind, uns der Vollkommenheit der Situation hinzugeben. Er gibt uns die Kraft, die wir brauchen, um in der Welt bewusst und eigenverantwortlich zu handeln.

Übung: Klärung des Energiefelds

Nutze diese vier Schritte möglichst oft, auch in deinem Alltag. Mach sie zu einem Teil deines Bewusstseins. Es ist nichts weiter nötig, als diese vier Aussagen auszusprechen und dabei auch wirklich zu fühlen:

* »Schau, was ich kreiert habe!«
* »Ich bemerke meine Gefühle und meine Urteile und liebe mich dennoch.«
* »Ich bin bereit, die Vollkommenheit in der Situation zu sehen.«
* »Ich entscheide mich für den Frieden.«

PRAXIS

Völlige Selbstannahme

Je mehr wir uns selbst bejahen, desto umfassender erleben wir auch die Welt. Je mehr wir uns mit allen Aspekten unseres Menschseins anerkennen, desto mehr Raum entsteht in uns und desto leichter fällt es uns, mit anderen Menschen in einer wirklichen Herzensverbindung zu sein. Die folgende Übung hilft dabei.

Übung: Vollkommene Selbstannahme

Sprich die folgenden Statements laut aus, damit verankerst du sie nach und nach in dir.

* Sage zu dir selbst: »Ich würdige meine Gefühle und nehme sie an, ohne sie zu beurteilen.« Atme einige Male tief ein und aus, lass diese Aussage in dir wirken.
* Sage nun zu dir selbst: »Ich erkenne, dass die Schattenanteile, die in mir Resonanz finden, nicht mehr sind als Geschichten, die ich für wahr gehalten habe und die für mich mit Scham besetzt waren. Ich lasse diese Geschichten nun vollkommen los und stelle die Liebe zu mir selbst wieder her. Ich akzeptiere mich so, wie ich bin, denn ich sehe jetzt, dass ich immer schon vollkommen war und dass niemals irgendetwas an mir falsch war. Ich erkenne mich bedingungslos an, so, wie ich bin, akzeptiere mich und liebe mich.« Lass auch diese Aussagen in dir wirken und sich mit jedem Atemzug in deinem Körper und deinem Energiesystem ausbreiten.
* Sage zum Abschluss: »Ich danke mir dafür, dass ich bereit bin, all diese Erfahrungen zu machen und mich selbst jetzt in Liebe anzunehmen.«
* Nimm dir etwas Zeit, dich mit all den Aspekten deines Menschseins zu genießen.

Ein Loslassritual

Im Folgenden möchte ich dir ein Ritual vorstellen, mit dem du dich ebenfalls auf deinem Weg zu vollkommener Selbstakzeptanz unterstützen kannst. Es dient dazu, Überkommenes wie Schuld und Scham zu verabschieden und sich für das Neue zu öffnen. Und es fördert die Selbstliebe.

Der richtige Rahmen

Für Rituale ist es besonders wichtig, einen Platz zu wählen, an dem du dich sicher und geborgen fühlst. Dies ist die Voraussetzung, um wirklich loslassen und innerlich mit dem Geschehen mitgehen zu können. Dann wird es umso mächtiger auch im Außen seine positive Wirkung zeigen.
Ist der Platz gewählt, schaffst du dir einen »heiligen Raum«, indem du die Kräfte mit hinzubittest, von denen du unterstützt werden möchtest. Das können Naturkräfte, die »göttliche Kraft« oder ganz schlicht die »Kraft der Liebe« sein. Du kannst dir auch vorstellen, deinen Platz mit einer dir angenehmen Farbe einzuhüllen und so eine Art Schutzkreis zu schaffen.

Die Kraft des Feuers

Das folgende Ritual nutzt das Feuer, um das Alte zu transformieren. Mit dem aufsteigenden Rauch kannst du ganz bewusst das Alte ziehen lassen. Du kannst eine Feuerstelle draußen nutzen oder eine transportable Feuerschale. Sei achtsam, damit nur das verbrennt, was du verbrennen möchtest.
Möchtest du das Ritual drinnen machen, übergib die Dinge zunächst einem symbolischen Feuer – ich nutze dafür einen Korb, der mit einem feuerfarbenen Tuch ausgeschlagen ist, und verbrenne es später. Natürlich funktioniert das Ritual auch in der Vorstellung, indem du dir zum Beispiel innerlich ausmalst, wie das Alte sich im Feuer wandelt oder vom klaren Wasser eines Flusses fortgetragen wird.

Heilritual: Altes transformieren

Was du dazu brauchst

* einen sicheren Ort,
* eine Feuerstelle, Kleinholz, Grillanzünder, Feuerzeug, Holz zum Nachlegen,
* Papier und Stift,
* ein Symbol für das Neue, das in dein Leben kommen soll (ein Kristall, ein besonderes Holz oder ein Stein. Schau, was du in der Natur findest, oder bring etwas von zu Hause mit),
* eventuell Wasser, um das Feuer am Ende wieder zu löschen.

Der Ablauf

* Kläre für dich, worum es dir in diesem Ritual gehen soll: Du möchtest die Schuld und die Scham bezüglich bestimmter Situationen transformieren.
* Schaff nun an dem von dir gewählten Ort den rituellen Rahmen. Dabei stimmst du dich auf eine höhere Kraft ein, die dir wichtig ist: die Liebe, das Göttliche, die kosmischen Kräfte. Bitte um Führung und Unterstützung für dein Ritual.
* Verbinde dich nun auch mit dem Höchsten in dir. Verbinde dich ganz bewusst mit der Liebe in dir, stimme dich auf dein Herz ein und spüre die Liebe von hier aus in deinem Brustraum oder sogar in deinem ganzen Körper und darüber hinausgehend.
* So geschützt und gestärkt stimme dich auf die Dinge ein, für die du dich bisher schuldig gefühlt oder geschämt hast. Fühle, wie es dir jetzt damit geht.
* Notiere nun jeweils ein Thema auf ein Blatt Papier. Du brauchst jeweils nur ein Stichwort zu schreiben. Und du kannst darauf vertrauen, dass sich alles, was jetzt wichtig ist, auch zeigt. Bleib

dran, bis alles momentan Wesentliche aufgeschrieben ist.

* Nun entzünde das Feuer. Sei mit deiner ganzen Aufmerksamkeit dabei und beobachte, wie das Feuer in Gang kommt.

* Wenn es brennt, nimm die Zettel einzeln zur Hand, öffne dein Herz und verabschiede jedes Thema in Wertschätzung und Dankbarkeit, bevor du es in die Flammen wirfst. Sei dir bewusst, dass dir alles, was du jetzt loslässt, in deinem Leben auch gedient hat, damit du jetzt da stehen kannst, wo du stehst. Übergib ein Thema nach dem anderen dem Feuer und beobachte, wie es sich in Rauch auflöst. Atme dabei bewusst aus und lass die Themen aus deinem Energiesystem mit dem aufsteigenden Rauch abziehen.

* Halte einen Moment inne und spüre die angenehme Leere.

* Dann öffne dich für das Neue: Was möchtest du jetzt zur Basis deines Lebens machen? Beende den Satz: »Von jetzt an werde ich …« oder »Von jetzt an bin ich …« Vertraue den Impulsen aus deinem Inneren.

* Fühle jetzt die Kraft des Neuen in dir und die Liebe. Bist du jetzt bereit für vollkommene Selbstannahme? Dann sprich auch dies in deinen Worten aus.

* Nimm jetzt dein Symbol für das Neue, halte es über das Feuer, um es mit der Energie der Selbstannahme aufzuladen. Dieser Gegenstand wird dich fortan immer an die Kraft des Neuen und die Liebe in dir erinnern.

* Wenn du so weit bist, beende das Ritual. Lösche ganz bewusst das Feuer, danke den Kräften, die dich unterstützt haben, und löse den »heiligen Raum« wieder auf.

Lass dir Zeit, dieses Ritual für dich nachwirken zu lassen. Du solltest erst wieder vollständig auf der Alltagsebene angekommen sein, bevor du dich beispielsweise hinters Lenkrad setzt.
Wenn du wieder zu Hause bist, kannst du das Symbol für das Neue so aufstellen, dass du es jederzeit sehen kannst. Und wann immer du das Gefühl hast, dass du dich ganz bewusst mit dieser Kraft verbinden möchtest, nimm es in die Hand oder setz dich still davor und spüre diese Energie des Neuen in deinem Leben. Dieser Gegenstand ist dein Anker im Alltag zur Kraft der Selbstannahme und Selbstliebe.

Kurze Zwischenbilanz

Herzlichen Glückwunsch! Du hast, wenn du den Anregungen bis hierher gefolgt bist, den Rucksack deiner Altlasten schon gründlich geleert. Das ist eine gute Gelegenheit, dich selbst ausgiebig zu würdigen und zu feiern. Was würde dir jetzt Freude machen? Was lässt dein Herz jubeln? Tu es!

Ein »etwas anderer Lebenslauf«

Du hast dich bis hierhin sowohl auf der emotionalen wie auch auf der körperlichen und geistigen Ebene ausgiebig erforscht und hoffentlich viele neue Erkenntnisse über dich gewonnen, dich von Belastendem verabschiedet und dadurch neue Freiräume erhalten.
Nun soll all dies in eine besondere Form der Rückschau einfließen. Ich nenne sie »den etwas anderen Lebenslauf«. Denn hier geht es nicht darum, einfach nur deinen schulischen und beruflichen Werdegang zu schildern, deine Leistungen in der Welt aufzulisten, sondern zu schauen, was dich als einzigartigen Menschen ausmacht, welche Erfahrungen dich in den letzten Jahrzehnten geprägt und wozu sie dir gedient haben.
Lass dich also mit Wertschätzung und nicht zuletzt Humor auf dein

bisheriges Leben schauen. Bring dabei auch zum Ausdruck, was du in diesem Leben für dich gelernt hast und wofür du dankbar bist. Damit du ein Gefühl dafür bekommst, wie ein solcher »anderer Lebenslauf« aussehen kann, möchte ich dir gern den Anfang meiner Geschichte vorstellen: »Ich wurde in eine katholische Großfamilie auf dem Land hineingeboren. Oft habe ich mich dort am

Übung: Der etwas andere Lebenslauf

Nimm dir etwas Zeit und erstelle einen ehrlichen, positiven Bericht über dich und das, was du in deinem Leben erreicht hast. Beziehe auch Erfahrungen mit ein, die schwierig für dich waren, und erlaube dir zu sehen, was das Geschenk in der jeweiligen Lebensphase war. Auch deine Eigenschaften – sowohl die lichten wie die Schattenaspekte – sollten mit einfließen.

Frage dich: Was macht dich als Menschen aus? Und wie bist du so geworden?

Schau auf dein Leben aus der Perspektive zurück, dass dir all das, was du erlebt hast, gedient hat. Schau mit Liebe und einem Augenzwinkern auf dich selbst und dein bisheriges Leben.

Beziehe auch die folgenden Fragen mit ein:

* Was waren die entscheidenden Ereignisse in meinem Leben?
* Wer oder was hat mich besonders geprägt?
* Welche Qualitäten habe ich bislang entwickelt?
* Was waren und was sind meine Träume und Visionen?
* Wofür bin ich dankbar?
* Was habe ich mir für dieses Leben vorgenommen, was ist davon noch offen für mich? Was möchte ich noch erleben und erreichen?

PRAXIS

falschen Platz und nicht dazugehörig gefühlt. Ich habe vieles für mich allein, oft auch heimlich, gemacht. Dadurch habe ich früh gelernt, ›mein Ding‹ zu machen, auch wenn andere es nicht gutheißen.
Den häufigen Gang in die Kirche habe ich als einengend und langweilig empfunden, doch durch die katholischen Rituale wurde schon früh meine Begeisterung für Rituale und das Spirituelle geweckt.
In der Natur habe ich mich frei und gleichzeitig geborgen gefühlt, und so oft es mir möglich war, bin ich von zu Hause ausgebüchst, um meine wilde Seite zu leben.
Mit zunehmendem Alter habe ich meinen Radius erweitert, trampend habe ich mir die Umgebung erobert und so die Nomadin in mir entdeckt. Diesen Teil habe ich in meinem Leben ausgiebig gelebt und auf diese Weise viele spannende Erfahrungen gemacht. Ich bin interessanten Menschen begegnet und habe auch meinen inneren Horizont stetig erweitert …«

Selbstakzeptanz in Beziehungen

Neulich sagte eine Klientin zu mir: »Wenn ich allein bin, geht es mir immer total gut, doch kaum kommt mein Mann zur Tür rein, beginnt der Stress.« Das stimmt wohl für viele: Allein ist es relativ einfach, sich mit den ungelebten oder den Schattenanteilen zu arrangieren und Schuldgefühle und Scham zu vermeiden. Im Kontakt mit anderen Menschen zeigt sich jedoch, wie weit wir tatsächlich in der Lage sind, uns selbst wahrhaftig anzunehmen und zu uns zu stehen.

Große Herausforderung

Im Kontakt mit anderen Menschen, sei es im beruflichen oder im privaten Umfeld, werden wir täglich aufs Neue mit Fragen wie den folgenden konfrontiert:

- Wie weit gelingt es mir, zu mir zu stehen?

- Wo gehe ich Kompromisse ein, die mir nicht wirklich guttun?
- Wie kann ich auf eine gute, wertschätzende Art das zum Ausdruck bringen, was mir wichtig ist und mir am Herzen liegt?

Gerade unsere Liebesbeziehungen stellen uns immer wieder vor Herausforderungen. Hier sind wir im Idealfall sehr offen und dadurch auch besonders verletzlich. Die Angst, den anderen zu verlieren, spielt ebenso eine Rolle wie unsere Angst, nicht zu genügen. Wir fühlen uns schnell nicht verstanden, nicht gesehen, nicht gehört. Und dann treten an die Stelle einer offenen Kommunikation oft Missverständnisse und schmerzhafte Auseinandersetzungen.

Die wichtigsten Begegnungen

Die Menschen, die uns besonders am Herzen liegen, sind meist unsere größten Lehrmeister. Wir dürfen davon ausgehen, dass diese Menschen nicht zufällig in unserem Leben sind. Gerade unsere Eltern wie auch unsere Lebenspartner wählen wir bewusst aus. Natürlich nicht auf der menschlichen Ebene, von dort aus kann es durchaus so aussehen, als wären diese Menschen unsere Widersacher. Doch wie wäre es, davon auszugehen, dass deine Seele sich mit den Seelen dieser Menschen verabredet hat, damit ihr alle eure Lebenslektionen lernen und so gemeinsam wachsen könnt?

Wirklich wissen können wir das nicht, doch ist es wesentlich hilfreicher davon auszugehen, dass es so sein könnte, als zu glauben, dass wir all den Erfahrungen unseres Lebens hilflos ausgeliefert sind.

Vertraute auf den ersten Blick

Bist du schon einmal einem Menschen begegnet, der dir vom ersten Moment an total vertraut vorkam? Bei dem du das Gefühl hattest, ihn oder sie schon ewig zu kennen? Nicht selten verbindet uns mit solchen Menschen dann eine lange und intensive Erfahrung, aus der

Reflexion: Meine Beziehungen

Lass dich auf eine ehrliche Bestandsaufnahme ein:

* Wie erlebst du Beziehungen in deinem Leben? Sind sie getragen von gegenseitigem Wohlwollen und Unterstützung oder empfindest du sie eher als Herausforderungen, die es zu meistern gilt?
* Welche Überzeugungen hast du in Bezug auf Beziehungen? Du kannst dies leicht herausfinden, indem du schaust, welche Erfahrungen du in deinem Leben machst. Deine Erfahrungen spiegeln deine Überzeugungen.
* Welche Schwierigkeiten begegnen dir immer wieder in deinen Beziehungen? Kannst du ein sich wiederholendes Muster erkennen? Erlebst du beispielsweise immer neu, dass du nicht wertgeschätzt, nicht gehört wirst?

Schreib deine Antworten in dein Forschungsbuch.

wir viel lernen können. Das heißt nicht, dass es immer nur schön mit ihnen ist – wir lernen ja bekanntlich besonders intensiv, wenn wir auch durch schmerzhafte Lebenserfahrungen hindurchgehen und an ihnen wachsen und heilen.

Manchmal erkennen wir unsere »Engel der Heilung« sofort, manchmal dauert es etwas länger – oder wir können sie auch nie als solche erkennen. Wir begegnen ihnen, um gemeinsam zu lernen, um uns gegenseitig auf unserem Weg zu unterstützen und um uns an unsere eigentliche Absicht für dieses Leben zu erinnern. In dieser Sichtweise auf das Leben geht es nicht um ein Ausharren in einer Beziehung um jeden Preis, sondern darum zu lernen, zu wachsen und sich auch in Liebe abzugrenzen. Und klar ist auch: Mit ausreichend Selbstakzeptanz können wir unsere Beziehungen bewusster gestalten. Wir können das Miteinander formen und für gesunde Harmonie sorgen.

Schwierigkeiten meistern

Mit dieser Forschungsübung hast du dir einen ersten Überblick verschafft, wo du mit diesem Thema stehst. Das Gute ist nun: Mit all den Werkzeugen zur Selbstakzeptanz, die du bis hierher schon kennengelernt hast, kannst du auch deine Beziehungen harmonisieren. Nicht zuletzt dadurch, dass du mit dir selbst und mit den anderen ins Reine kommst. Fühlen, bewusst Atmen, Achtsamkeit – all das ist auch für den Beziehungsalltag und die immer wieder notwendigen Klärungen wesentlich: damit du in deiner Mitte bleibst und wahrnimmst, was wirklich geschieht.

Tipp: Schwierige Beziehungen klären

* Wähle einen Menschen aus deinem Umfeld, mit dem du in der letzten Zeit eine schwierige Situation erlebt hast. Vielleicht gab es Streit und Vorwürfe, vielleicht einfach Missstimmungen.
* Versetz dich in die entsprechende Situation hinein. Erinnere dich, was war. Spüre, wie es dir jetzt damit geht.
* Wende danach die Übung: »Projektionen zurücknehmen« von Seite 65 an.
* Lass dir Zeit, die konkrete Situation zu erforschen. Das wird dir helfen, deine Gedanken und deine Emotionen zu klären und sowohl die Person wie auch das mit eurer Schwierigkeit verbundene Thema aus einer neuen Perspektive zu betrachten. Lass dich überraschen, wie du dich danach fühlst. Du kannst auch das Arbeitsblatt »Dem Wunder Raum geben« nutzen – als Download auf meiner Website (siehe Seite 125).

Ein vielschichtiges Instrument

Du kannst die Übung auf der vorherigen Seite ebenso wie das erwähnte Arbeitsblatt auch in Bezug auf weitere Personen und herausfordernde Situationen machen.
Tu das, wann immer du Zeit und Muße dazu hast – es lohnt sich. Denn auf diese Weise wirst du deine sich wiederholenden Muster erkennen und nach und nach auflösen. Du wirst immer mehr Energie freisetzen, die dir dann für dein Leben zur Verfügung steht.

Die ideale Beziehung

Die beste Beziehung ist nicht die, in der alles immer nur eitel Sonnenschein ist, sondern die, in der du am meisten lernen und am schnellsten wachsen kannst. Sie ist ideal, auch wenn es sich nicht immer so anfühlt. Frage dich einmal, was für dich »ideal« bedeutet. Da du ja schließlich die freie Wahl hast, kannst du dich auch fragen: In welcher Form von Beziehung möchtest du leben?

Reflexion: Die für mich ideale Beziehung

- Erlaube dir ganz weit zu denken und schreibe alles auf, was dir in den Sinn kommt, wenn du dich fragst: »Was ist für mich die ideale Beziehung?«
- Im nächsten Schritt prüfe: »Wie weit lebe ich die Beziehung, die ich mir wünsche?«
- Weiter geht es mit der wesentlichen Frage: »Wie weit gelingt es mir in meiner Beziehung, zu mir zu stehen? Und wo gehe ich eher faule Kompromisse ein?«
- Eine weitere Frage ist hier ebenfalls wertvoll: »Welche Erwartungen habe ich an meinen Partner / meine Partnerin?«
- Trag deine Antworten in dein Forschungsbuch ein. Spüre nach, was sie in dir auslösen.

Erwartungen in Beziehungen

Kennst du die Geschichte von den beiden Menschen, die heiraten? Sie denkt sich vor der Heirat: »Er ist nicht perfekt, aber wenn ich ihn nur genug liebe, wird er sich schon ändern.« Er hingegen hofft, dass sie so bleibt, wie sie ist. Was passiert? Beide werden enttäuscht!

Die gegenseitigen Erwartungen in einer Beziehung sind oft die größten Fallen. Viele Menschen, und hier besonders die Frauen, geben häufig alles in einer Beziehung – in der Hoffnung, dass der Partner sich verändert, wenn sie ihn nur genug lieben. Da sich jedoch jeder immer nur selbst verändern kann – und auch nur dann, wenn er dazu eine ausreichend große innere Bereitschaft hat –, ist dieser Plan von Anfang an zum Scheitern verurteilt.

In vielen Beziehungen in unserem Umfeld und natürlich bei uns selbst erleben wir, wie schwierig es ist, den Partner so anzunehmen, wie er ist, und die eigenen Vorstellungen, wie er sein sollte, loszulassen.

Bei sich selbst beginnen

Auch hier kommt wieder das Thema Projektion und Spiegelung ins Spiel. Denn wenn wir uns erlauben genauer hinzuschauen, erkennen wir, dass unser Partner uns genau die Teile widerspiegelt, die wir in uns ablehnen. Wie gesagt: Dies kann durchaus ein Zerrspiegel oder ein Vergrößerungsglas sein, in das wir da schauen. Das ändert jedoch nichts daran, dass wir uns immer wieder einmal an unsere Eigenverantwortung erinnern und die Themen in uns zu lösen versuchen sollten. Die Werkzeuge dafür hast du ja bereits bekommen. All die Übungen und Reflexionen in diesem Buch helfen dir auf diesem Entwicklungsweg.

Ein Lebenspartner ist immer auch ein Spiegel, in den wir schauen.

PRAXIS

Tipp: Beziehungsdramen beenden

Es gibt ein paar grundsätzliche Regeln, die allen Beziehungsdramen von vornherein den Wind aus den Segeln nehmen:

* Definiere deine Grenzen und steh zu ihnen. Sprich aus, was für dich in Ordnung ist und was nicht mehr stimmt.
* Hör auf damit, deinen Partner ändern zu wollen. Akzeptiere ihn, wie er ist. Das Arbeitsblatt »Dem Wunder Raum geben« (Seite 125) kann dir dabei helfen.
* Nimm deine Projektionen zurück und lerne, deine Schatten-Anteile zu lieben. Mit der Übung auf Seite 65 hast du bereits üben können, wie das geht.
* Lass unrealistische Erwartungen und Anforderungen los.
* Triff mit deinem Partner klare Vereinbarungen, mit denen ihr beide leben wollt und könnt.
* Erkenne auch deine sexuellen Wünsche und Bedürfnisse an, ebenso wie die deines Partners. Dann schaut, wie ihr damit zusammenkommt.
* Erkenne, wann eine Beziehung zu Ende ist, und lass sie los.
* Erinnere dich immer wieder an diese Punkte und lebe sie.

Wer sorgt für dein Glück?

Was veranlasst uns, von unserem Partner zu erwarten, dass er dafür zuständig ist, unsere Bedürfnisse zu erfüllen? Ist es nicht sehr viel ermächtigender für uns, wenn wir selbst dafür Sorge tragen, dass unsere Bedürfnisse erfüllt werden? Unser Partner ist nicht für unser Glück verantwortlich. Dies fällt einzig und allein in unseren Zuständigkeitsbereich. Alles, was von ihm kommt, ist ein Geschenk – und als solches sollten wir es auch betrachten. Wir können uns darüber freuen und dafür danken.

Kommunikation in Beziehungen

Hast du das auch schon erlebt: Du sagst etwas und bei deinem Partner kommt es ganz anders an, als du es gemeint hast. Oder du bekommst eine Aussage deines Partners »in den falschen Hals«. Beispielsweise die Frage, ob du eine bestimmte Arbeit schon erledigt hast. Eine klare, einfache Frage. Oft wird dahinter jedoch eine Kritik vermutet, weil man es noch nicht getan hat und das schlechte Gewissen sich meldet. Dann »hört« man die Frage anders, als sie gestellt wurde.

Dich selbst kennen, deine Reaktionsmuster erkennen, um deine Bedürfnisse wissen und diese auf eine gute Art kommunizieren – das macht die Basis jeder funktionierenden Beziehung aus. Denn wie willst du deinem Partner mitteilen, was dir wichtig ist, wenn du selbst nicht weißt, was du willst, was dir wirklich entspricht und was deine Bedürfnisse sind?

Eine hohe Kunst

Oft versuchen wir in Beziehungen verfahrene Situationen mithilfe von Worten zu klären. Dies ist eine hohe Kunst. Denn zum einen aktivieren schwierige Situationen all unsere unbewussten Überzeugungen, zum anderen haben wir selten gelernt, auf eine wirklich konstruktive Art miteinander zu reden. Doch indem du dich mit dem hier angestoßenen Prozess der Selbstannahme immer besser kennenlernst, werden sich auch deine Kommunikationsweise und deine Fähigkeit, dein Gegenüber wertfrei wahrzunehmen, verbessern.

Echte Zwiegespräche

Zwiegespräche sind sehr wertvoll, um gemeinsam zu schauen, was für jeden Einzelnen wesentlich ist, was beide sich wünschen und wo die Grenzen liegen. Probier es einmal aus. Auf diese Weise kannst du deine Herzensanliegen mit deinem Partner teilen, seine wahren Bedürfnisse erfahren, und ihr

PRAXIS

könnt die daraus gewonnenen Erkenntnisse für euch beide umsetzen. Dadurch fördert ihr die Nähe zwischen euch und die Liebe kann wieder freier fließen.
Es kann jedoch auch sinnvoll sein, erst einmal eine andere Ebene der Kommunikation zu wählen. Anstatt zu versuchen, es über die verbale Ebene zu klären, kann man ruhig werden, sich spüren, den anderen wahrnehmen. Über den Körper kommt eine eigene Weisheit ins Spiel. Indem wir den Raum schaffen, um vom Kopf ins Herz zu kommen, kann sich vieles lösen, was auf der verbalen Ebene nur zu weiteren Konflikten geführt hätte.

Übung: Kommunikation ohne Worte

Versucht in einer schwierigen Situation einmal einen ganz neuen Weg des Austauschs:

* Setzt euch einander gegenüber, achtet auf einen angenehmen Abstand, damit jeder ganz sich selbst spüren kann.
* Jetzt lasst erst einmal Ruhe einkehren. Jeder achtet für sich auf seinen Atem und auf seine Gefühle. Ihr könnt die Augen dabei schließen.
* Wenn beide so weit sind, könnt ihr die Verbindung zum Gegenüber wieder herstellen. Ihr öffnet die Augen und schaut euch an. Blickt euch einfach nur still an.
* Lauscht weiter auf den eigenen Atem und nehmt wahr, wie euer Gegenüber atmet. Lasst nach und nach einen gemeinsamen Atemrhythmus entstehen.
* Atmet so eine Zeit lang weiter und haltet den Augenkontakt. Er unterstützt euch dabei, achtsam im Moment zu bleiben und mit einem offenen Herzen wirklich in Verbindung zu sein.
* Lasst zu, dass sich die Stimmung im Miteinander wandelt.

Selbstannahme im Bereich der Sexualität

Sexualität ist ein wichtiges Thema, wenn es um Selbstakzeptanz geht. In meiner Praxis erlebe ich immer wieder, wie viel Elend gerade in diesem Bereich der Beziehungen herrscht. Obwohl wir in einer für Sexualität scheinbar offenen Gesellschaft leben, haben viele Menschen, und auch hier besonders die Frauen, selbst im fortgeschrittenen Alter noch Mühe, zu sich und zu ihren Bedürfnissen zu stehen. Oft kennen sie diese nicht wirklich und können sie daher nicht leben.

Leistung auch beim Sex?

Unsere Sexualität ist geprägt von dem, was unsere Eltern uns mitgegeben haben, den Moral- und Wertvorstellungen unserer Gesellschaft und von den Bildern und Vorstellungen, die uns die Medien vermitteln – und all dies zeigt eine weitgehend männlich geprägte Sexualität. Was heißt das?
Vor allem die Bilder, mit denen wir tagtäglich in den Medien konfrontiert werden, sind sehr stark vom Leistungsgedanken geprägt. Es geht fast nur darum, aktiv zu sein, wilden, zügellosen Sex und permanente Lust zu haben. Dabei fehlt aber etwas Wesentliches: Der weibliche Aspekt, das Hingebungsvolle, Empfangende ist fast gänzlich verloren gegangen.
In jedem von uns gibt es sowohl eine weibliche als auch eine männliche Seite, doch die starke Ausrichtung auf das männliche Prinzip erschwert es sowohl den Frauen wie auch den Männern ihre gefühlvolle Seite zu leben. »Stark« und gefühllos sein, heldenhaft, das zählte lange als Ideal – doch wohin hat es uns letztlich geführt?
Es ist höchste Zeit, dass wir uns erlauben, wieder mit unseren Gefühlen und wahren Bedürfnissen im Kontakt zu sein – ganz egal, ob wir in einem weiblichen oder männlichen Körper leben. Denn nur dann können wir aus den gewohnten

PRAXIS

Bahnen ausbrechen und auch in diesem Bereich zu einer vollkommenen Selbstakzeptanz kommen.

Liebe in all ihren Variationen

Für viele von uns waren Kindheit und Jugend durch die christliche Moral geprägt. Früh haben wir gelernt: Alles, was Spaß macht, ist Sünde. Dann kamen die Zeiten der Befreiung, zu denen für mich beispielsweise auch Tantra gehörte. Doch irgendwann mussten viele von uns erkennen, dass die katholische Moral von einer Art tantrischen Moral abgelöst wurde.
Es gab wieder ein »Richtig« und ein »Falsch«. Es gab Dinge, die »okay« waren, und es gab Verhaltensweisen, die tabu waren. Damit war nichts gewonnen.
Letztlich müssen wir uns aufmachen herauszufinden, was unser individuell Ur-Eigenes ist, was unserem Wesen wirklich entspricht. Dies ist ein langer Weg, und die wenigsten können behaupten, am Ziel angekommen zu sein. Es ist eine permanente Forschungsreise. Immer wieder entdecken wir neue Facetten der eigenen Lust und Sinnlichkeit, der eigenen Art des Seins in der Sexualität.

Lebenslanges Forschen

Und das ist gut so. Gerade im Bereich der Sexualität braucht es ein lebenslanges Forschen: Was ist jetzt wirklich stimmig für mich?
Unser Körper verändert sich permanent, in jeder Lebensphase stehen andere Dinge im Vordergrund. Da ist es wenig hilfreich zu erwarten, dass alles genau so sein sollte, wie es mit zwanzig oder zu Beginn einer Beziehung war.
Wie weit erlaubst du dir zu erforschen, was wirklich deines ist? Gibst du dir den Raum und nimmst

> *Erlaube dir zu erforschen: Was ist jetzt stimmig für mich?*

Reflexion: Meine Sexualität erforschen

Nimm dir etwas Zeit und untersuche deine Sexualität. Erforsche dieses Thema ganz in Ruhe und trag deine Antworten auf die folgenden Fragen wieder in dein Forschungsbuch ein. Lass sie dabei auf dich wirken.

* Wie weit kenne, akzeptiere und lebe ich meine eigene Art der Sexualität?
* Was will ich wirklich? Was sind meine wahren Bedürfnisse?
* Wie kann ich meine Sexualität in meiner Beziehung leben?

Was auch immer du entdeckst: Lass dich Ja dazu sagen und erlaube dir, dich genau damit anzunehmen und zu akzeptieren. Nutze die dir bereits bekannten Hilfen aus dem Buch.

du dir die Zeit, bewusst und achtsam mit dir selbst zu sein? Gibst du dir Gelegenheit herauszufinden, was deinem Wesen entspricht? Sicher, wir kennen kaum Möglichkeiten, wirklich ehrlich über unsere Sexualität zu sprechen. Meist wird an der Oberfläche herumgedoktert, Symptome werden behandelt. Das spielt auch in andere Bereiche hinein: Dem Thema Übergewicht wird zum Beispiel über die Frage der Ernährung viel Aufmerksamkeit geschenkt. Doch wie oft ist eine ungelebte oder unbefriedigende Sexualität die Basis für übermäßiges Essen? Das Gleiche gilt für Burn-out und Depressionen: Meist suchen wir die Ursachen im beruflichen Bereich. Dass diese Symptome auch unser Unglücklichsein in der Sexualität widerspiegeln können, wird außer Acht gelassen. Doch natürlich haben wir es selbst in der Hand. Also lass dich mutig forschen, um herauszufinden, was dir wirklich entspricht und wie du deine Sexualität gestalten möchtest.

Ein Selbstliebe-Ritual vor dem Spiegel

* Zieh dich in einen geschützten, warmen Raum mit einem großen Spiegel zurück. Stell sicher, dass du für die nächsten 30 Minuten nicht gestört wirst. Wenn du magst, kannst du das Licht dämmen, Kerzen anzünden und eine sanfte Musik auflegen.
* Nun leg ganz langsam und bewusst ein Kleidungsstück nach dem anderen ab und schau dabei in den Spiegel. Nimm wahr, welche Gedanken und Gefühle in dir auftauchen. Lass sie alle da sein, bewerte sie nicht und halte auch nicht daran fest.
* Wenn du ganz nackt vor dem Spiegel stehst, schau dir zunächst in die Augen. Schau in diese Augen, als würdest du deine große Liebe anschauen. Lächle, strahle dich an und bring deine Liebe für dich über die Augen zum Ausdruck. Betrachte dich mit Wohlwollen, so wie du einen geliebten Menschen betrachten würdest. Du bist der wichtigste Mensch in deinem Leben.
* Wandere weiter mit deiner Aufmerksamkeit: Berühre sanft dein Gesicht, fühle die Beschaffenheit deiner Haut, spüre, was diese sanfte Berührung in deinem Inneren auszulösen vermag. Sei dabei achtsam, wertschätzend und sehr liebevoll.
* Lass deine Aufmerksamkeit weiterwandern, bis du deinen ganzen Körper wohlwollend berührt und gesehen hast.
* Am Ende sage zu dir selbst: »(Dein Name), ich liebe dich, genau so wie du bist!«
* Wenn du zu den ganz Mutigen gehörst, kannst du jetzt noch eine deiner Lieblingsmusiken auflegen und mit dir selbst nackt vor dem Spiegel tanzen.

Das Ja zum eigenen Körper

Die Sexualität erleben wir natürlich vor allem über unseren Körper. Ein Ja zum Körper, zum körperlichen Aspekt unserer Selbst ist daher die Voraussetzung für eine wirklich erfüllte Sexualität. Mit diesem vollen Ja zum eigenen Körper beginnt die Reise zum Erwecken des inneren Feuers, zur Wiederentdeckung unserer Sinnlichkeit, unserer Lebensenergie und Lebensfreude.

Diese Energie kann uns in unserem Leben zur unerschöpflichen Quelle werden, die uns nährt und unserem Dasein die besondere Würze verleiht. Die Absicht des Rituals auf der gegenüberliegenden Seite ist es daher, dass du dich selbst auch auf der körperlichen Ebene immer mehr lieben lernst. Lass dir Zeit damit. Taste dich Stück für Stück an die einzelnen Schritte heran. Was du bei dieser Übung auf jeden Fall von Anfang an tun kannst: Genieße es, einen Körper zu haben. Fühle ihn und freue dich daran, ihn zu »bewohnen«.

»Was will ich wirklich?«

Wir sind mittlerweile in einem neuen Zeitalter angekommen, in dem sich jahrtausendealte Gepflogenheiten auflösen. Wir haben heute die Wahl. Wir gehören zu den ersten Generationen, die frei entscheiden können: »Was ist es, was ich selbst will? Was entspricht mir wirklich?«

Wir entscheiden selbstständig

Natürlich sind auch wir geprägt von den Medien, von den Moralvorstellungen unserer Eltern, von den Themen, die in den Familien zum Teil schon seit Generationen unterschwellig mitschwingen.

Doch wir haben inzwischen alle Möglichkeiten, uns dieser Altlasten bewusst zu werden, uns davon zu befreien und so zu einem authentischen Ausdruck unseres Selbst einschließlich unserer Beziehungen und Sexualität zu kommen.

Ein wesentlicher Aspekt der Selbstannahme sind die Fragen: »Wie möchte ich leben? Was entspricht meinem Wesen? Welche Lebens-, welche Beziehungsform macht mich glücklich? Möchte ich allein leben, mit einem Mann, einer Frau, mit mehreren Menschen? Monogam oder in einer offenen Beziehung? Was sind meine Wünsche und Bedürfnisse im Bereich der Sexualität?« Trau dich und stell dir diese Fragen. Stell sie dir immer wieder neu.

Die Realität gestalten

Wenn du erkannt hast, was für dich wesentlich ist, was deinem wahren Wesen entspricht – dann geht es darum, dies in dein Leben zu bringen, dem Raum und Ausdruck zu geben. Genau davon wird auch das abschließende Kapitel dieses Buches handeln. Du hast bis hierhin einen langen, sicherlich fruchtbaren Weg zurückgelegt – hin zu dir selbst. Du hast dich in deiner Tiefe und in deinem einzigartigen Wesen erforscht und ganz neu kennengelernt. Du hast Verhaltensmuster, die dir nicht mehr dienen, entlarvt und vielleicht auch schon verabschiedet. Du hast die vielen Qualitäten, die in dir schlummern, bereits erahnen oder sogar schon erwecken können. Auf all dem kannst du nun aufbauen und die Realität deines Lebens aktiv gestalten. Zuvor aber lädt dich die folgende Übung ein, dich und dein So-Sein zu feiern: in einer Liebesnacht mit dir selbst, voller Freude, Wonne, Sinnlichkeit und Selbstliebe.

»Uns hält nicht die Liebe zurück, die wir in der Vergangenheit nicht bekommen haben, sondern die Liebe, die wir in der Gegenwart nicht vermehren.«

Marianne Willamson

Übung: Eine Liebesnacht mit dir selbst

* Reserviere einen Abend, der ganz allein dir gehört. Bereite dich so auf diesen Abend vor, als würdest du einen Geliebten erwarten. Dusche, pflege dich und stimme dich auf die Begegnung mit einem geliebten Menschen, auf die Begegnung mit dir ein.

* Gestalte dir einen Raum, in dem du ungestört bist, dich wohlfühlst und der Sinnlichkeit und Freude ausstrahlt. Vielleicht ein gemütliches Lager mit vielen Kissen, kuscheligen Decken und Kerzen. Oder dein Schlafzimmer, das du mit einigen Tüchern verschönert hast.

* Lass dir Zeit, in deinem Raum anzukommen. Vielleicht magst du etwas tanzen und so den Alltag hinter dir lassen.

* Dann setze oder lege dich auf dein Lager, atme bewusst und erlaube dir zu spüren, wie du dich jetzt fühlst. Vielleicht spürst du eine Unsicherheit. Vielleicht die Freude darüber, dass du dir selbst diesen Abend schenkst. Alles darf da sein, alles hat Platz.

* Beginne dann, deinen Körper achtsam, sinnlich zu berühren. Wenn du magst, stell dir vor, dass dich die Hand eines Geliebten berührt. Erlebe ganz wach, was die Hände alles erforschen und berühren. Genieße das Berühren und das Berührtwerden.

* Lass deinen Händen ihren Lauf. Vielleicht wird es lustvoll, vielleicht bleibt es sinnlich oder du beginnst, dich selbst zu halten.

* Vielleicht magst du ein duftendes Körperöl benutzen oder auch Federn und Seidentücher, um dich selbst zu verwöhnen.

* Wann immer es für dich rund ist, kuschle dich ein und hab eine gute Nacht mit schönen Träumen!

PRAXIS

Das eigene Leben bewusst gestalten

Wenn du dich liebst, dann sorgst du auch bestens für dich und **die Erfüllung deiner Wünsche.** Selbstakzeptanz ist für dich mittlerweile sicherlich zu einer ziemlich normalen – und dabei jeden Tag aufs Neue erstaunlich schönen – Sache geworden. All die praktischen Anregungen der letzten Kapitel haben dir dein eigenes Wesen nähergebracht und dir **das ganze Potenzial, das in dir steckt,** offenbart.
Nun ist es an der Zeit, diese Schätze zu heben und so zu nutzen, dass du dir deine Herzenswünsche erfüllen kannst. Auch dafür gibt es jede Menge hilfreiche Fakten, erhellende Hintergründe und natürlich praktische Übungen.

Herzenswünsche realisieren

Wünsche, die wirklich tief aus dem Herzen kommen, hat wohl jeder Mensch. Und mit ausreichend Selbstliebe beginnen wir dann auch, sie in unserem Leben umzusetzen. Was dem im Weg steht, sind oft noch ein paar weitere Glaubenssätze wie zum Beispiel der, dass es egoistisch sei, sich um seine Wünsche und Träume zu kümmern.

Gesunder Egoismus

Hast du auch gelernt, dass es nicht in Ordnung ist, deine eigenen Bedürfnisse zum Ausdruck zu bringen? Dass es anmaßend ist, sich selbst zu loben? Dann wird es vielleicht Zeit, sich dem anzunähern, was ich gern als »gesunden Egoismus« bezeichne. Damit ist nicht gemeint, dass man mit einem möglichst starken Ego versucht, immer und überall den eigenen Willen durchzusetzen, egal, wie es den anderen dabei geht. Gesund wäre es hingegen zu wissen, was deine eigenen Bedürfnisse sind, und diese auch zum Ausdruck zu bringen. Dies gestaltet dein Leben angenehmer und macht es auch deinem Umfeld leichter, da die anderen nicht erraten müssen, was du vielleicht wollen könntest. Gleichzeitig gestehst du auch ihnen diese Freiheit zu, die individuellen Bedürfnisse zu äußern und zu leben. Auf dieser Basis können ein fruchtbarer Austausch und erfüllende Beziehungen stattfinden.

Das Eigene leben

Ich bin zum Beispiel gern in der Natur, weil ich dies als eine große Quelle der Kraft erlebe. Mein Mann ist jedoch ganz anders veranlagt, findet es eher lästig, draußen zu sein, und genießt es stattdessen viel mehr, einfach gemütlich zu Hause zu bleiben. Wenn wir beide die eigenen und die Bedürfnisse des anderen anerkennen, können wir schauen, was gemeinsam möglich ist und was eben nicht. Dann kann ich meine Aufenthalte draußen allein umso intensiver und kraftvoller gestalten, weil ich mich ganz auf die Natur einlassen und mit den Pflanzen und Tieren verbinden kann. Und mein Mann hat seine Mußezeiten zu Hause. So können wir beide auftanken, und wenn wir uns dann wieder begegnen, genießen wir die gemeinsame Zeit.

»Sei du selbst die Veränderung, die du dir wünschst für diese Welt.«

Mahatma Gandhi

Die Welt verändern?

Es liegt an jedem Einzelnen von uns, wie diese Welt aussieht, und es liegt an uns, die Verantwortung dafür zu übernehmen, in welcher Welt wir leben wollen. Auch dabei können wir nur bei uns selbst anfangen, wie das Zitat von Mahatma Gandhi oben rechts sehr schön zeigt. Gandhi war ein sehr ängstliches Kind und nicht gerade geprägt von Mut. Und dennoch – oder vielleicht gerade deshalb? – hat er Wege gefunden, einen ganz entscheidenden Beitrag in der Geschichte zu leisten und Indien gewaltfrei aus der Vorherrschaft der Briten herauszuführen. Ich möchte nicht sagen, dass du dich nun auf den Weg machen sollst, um die ganze Welt zu verändern. Oder vielleicht doch? Indem du einfach nur deiner Wahrheit folgst, veränderst du nämlich etwas ganz Entscheidendes und zwar genau da, wo du bist.

Ein Beispiel

Vor vielen Jahren fragte ich eine Freundin, ob sie mit mir gemeinsam Seminare leiten möchte. Sie hat aus meiner Perspektive alle

Fähigkeiten dafür. Ihre Antwort verblüffte mich damals sehr: »Ich bleibe lieber in der zweiten Reihe.« Seither hat sie immer wieder bei meinen Seminaren gekocht, hat mich und die Seminarteilnehmer mit ihrem liebevoll zubereiteten Essen verwöhnt und so zum Gelingen der Kurse beigetragen. Und unsere Küche wurde dank ihrer Ausstrahlung und Liebe zu einem beliebten Ort, an dem die Menschen immer ein offenes Ohr und ein liebendes Herz fanden. So hat meine Freundin auf einem ganz anderen Weg als von mir gedacht tatsächlich ein bisschen die Welt verändert und schöner gemacht – indem sie ihrem Innersten folgte.

Lebe ich meins?

Das ist das einzige Kriterium, das wirklich zählt: Lebst du das, wovon du weißt, dass es dir entspricht?

Reflexion: Dein beruflicher Alltag

Nachdem du dich bislang viel mit dem beschäftigt hast, was dich ausmacht, lenke deine Aufmerksamkeit nun auf einen Bereich, dem du in der Regel viel Lebenszeit schenkst: dem Beruf. Beantworte dir auch hier einige Fragen, um mehr Bewusstheit dafür zu schaffen, inwieweit du diesen Bereich aktiv und bewusst gestaltest:

* Wie erlebst du ganz allgemein deinen Berufsalltag?
* Bist du zufrieden in deinem Tätigkeitsbereich? Folgst du deinem Herzen, deiner Berufung?
* Oder ist es für dich einfach ein Weg zum Geldverdienen, und das, was dich erfüllt, findet in anderen Bereichen statt?

Egal, wie deine Antworten ausfallen: Es gibt kein Richtig oder Falsch. Auch hier geht es darum, dir bewusst zu werden, ob das, was du lebst, stimmig ist.

Finde also heraus, was deinem Herzen und deinen Bedürfnissen tatsächlich entspricht. Wie schon gesagt, folgt das Außen dem Inneren nach. Wenn du für dich geklärt hast, was es ist, was du wirklich willst, dann kommt auch das Passende in dein Leben. Vielleicht braucht es dann in beruflicher Hinsicht noch einen Lehrgang oder ein Coaching, um das, was du in deinem Inneren als stimmig erkannt hast, tatsächlich in der »rauen Geschäftswelt« umsetzen zu können. Aber auch dafür gibt es ja genügend Unterstützung.

Wünsche manifestieren

Gegenwärtig gibt es eine interessante Entwicklung: Immer mehr Menschen wird bewusst, dass sie dem Leben nicht einfach ausgeliefert sind. Sie erkennen, dass sie ihr Leben mithilfe ihres Bewusstseins aktiv gestalten können.
Und es ist tatsächlich ganz einfach. Als Menschen manifestieren wir nämlich permanent. Wir tun dies jedoch meist unbewusst und geprägt von unseren Konditionierungen, Ängsten und Zweifeln. Wenn wir zum Beispiel Angst vor einem

Reflexion: Was will ich wirklich?

Erlaube dir diese Frage – in allen Bereichen deines Lebens und immer wieder neu: Was willst du wirklich?
Nimm dein Forschungsbuch und notiere dir spontan alle Antworten, die aus deinem Inneren auf die folgenden Fragen aufsteigen:
Was empfindest du als deine Aufgabe in diesem Leben? Oder anders gefragt: Was macht deine Seele glücklich? Was sind deine Wünsche, die wirklich von Herzen kommen? Was würdest du gern verwirklichen? Und was hindert dich im Augenblick noch daran?

Bewerbungsgespräch haben, weil wir glauben, wir seien nicht gut genug, und uns diesen Ängsten nicht stellen – was erleben wir dann wahrscheinlich? Einen unfreundlichen Personalchef, wir selbst sind unklar und unsicher und – wir bekommen den Job nicht. Womit wir uns dann wieder bewiesen haben, dass wir eben nicht gut genug sind.

Unsere spirituelle Intelligenz nutzen

Bevor wir also aus dem Unbewussten heraus Erfahrungen in unser Leben ziehen, die uns Schwierigkeiten und Leid bringen, ist es da nicht sinnvoller, dieses machtvolle Werkzeug bewusst einzusetzen und unser Leben zu einer freudvollen Erfahrung zu machen, im Einklang mit dem großen Ganzen?

Das Göttliche – oder wie auch immer du es für dich nennst – ist gern bereit, dich zu unterstützen. Schließlich sind all die wunderbaren Potenziale in dir angelegt, die es für ein erfülltes Leben braucht. Doch es liegt an dir, die Tür aufzumachen, damit die Fülle in deinem Leben Einzug halten kann.

Selbst aktiv werden

Dazu passt folgender Witz: Ein Mann kommt in die Kirche und betet: »Lieber Gott, ich brauche dringend Geld. Bitte lass mich im Lotto gewinnen.« Eine Woche später ist er wieder da: »Bitte Gott, ich bin in großer finanzieller Not, hilf mir.« So vergeht Woche um Woche, nichts passiert. Als der Mann eines Tages wieder klagt, wird es plötzlich strahlend hell und eine Stimme ertönt: »Gib mir eine Chance – kauf dir endlich einen Lottoschein!«

Deine Aktivität ist gefragt. Es ist an der Zeit anzuerkennen: Du bist die Schöpferin, der Schöpfer deines Lebens! Du kannst das, was dir am Herzen liegt, erreichen – beispielsweise mit der folgenden Übung. Mit ihr kannst du dir nach und nach das Leben gestalten, das deinem Wesen tatsächlich entspricht.

Übung: Wünsche wahr werden lassen

* Werde dir bewusst, was genau du manifestieren möchtest. Was motiviert dich, das Erwünschte zu erhalten? Was hat dich bisher daran gehindert? Erlaube dir, alles bewusst wahrzunehmen und zu fühlen.
* Fasse nun deinen Wunsch sehr präzise in Worte. Verwende dazu eine Formulierung, als hättest du das Erwünschte bereits. Sage also zum Beispiel: »Ich habe einen erfüllenden Job.«
* Visualisiere das Endresultat. Sieh es ganz deutlich vor deinem geistigen Auge. Spüre, wie es sich anfühlt, das Gewünschte bereits zu haben. Erfahre es mit all deinen Sinnen. Lass es dich sehen, hören, riechen, schmecken und fühlen, als wäre es genau jetzt tatsächlich hier.
* Übergib nun deinen Wunsch vollkommen an das Göttliche. Du kannst das mit einer Geste oder mit entsprechenden Worten unterstützen. Füge dann an: »Möge ich dies oder etwas Besseres erleben.«
* Jetzt lässt du dein Verlangen, das Gewünschte zu erhalten, vollständig los. Du lässt es ziehen und vertraust darauf, dass es so zu dir kommt, wie es am besten für dich und alle Beteiligten ist. Du bleibst in dem Vertrauen.

In vielen Büchern und Workshops zum Manifestieren wird die Vorstellung vermittelt: »Alles ist möglich.« Das glaube ich allerdings nicht, denn wir können in der Regel nicht wirklich wissen, was unsere Seele in diesem Leben erfahren will. Es braucht also immer auch eine Prise Demut und das Vertrauen, dass sich alles genau so entwickelt, wie es uns auf seelischer Ebene entspricht.

Vom Mangel zur Fülle

Kennst du das auch? Du bist an einem wundervollen Ort – und nach einiger Zeit ziehen Wolken auf. Nicht am Himmel, sondern in dir. Du kannst all das Schöne, das dich umgibt, nicht mehr wertschätzen, bist angespannt und unzufrieden. In solchen Momenten wird dir vielleicht schmerzhaft bewusst: Du nimmst dich selbst und deine Themen immer mit, egal wie weit du reisen magst.
Doch zum Glück hast du ja jetzt all die Hilfsmittel, die dich dabei unterstützen, die Stimmung zu wenden und immer mehr Sonnenschein in deinem Inneren zu erzeugen. Wieder sind Fühlen, bewusstes Atmen und Achtsamkeit deine Schlüssel. Dann spürst du schnell, um was es gerade wirklich geht, und erfährst, wie sich allein dadurch die Stimmung schon zu ändern beginnt.

Schau dankbar auf das, was bereits da ist – und du erlebst immer mehr Fülle und Erfüllung.

Den Fokus verlagern

Es ist ungeheuer wertvoll zu lernen, immer wieder grundlegend den Fokus zu verschieben: Stimme dich im Alltag immer wieder aufs Neue auf das Gefühl der Dankbarkeit ein. Indem du wertschätzt, was du hast, was dir an Gutem widerfährt, wofür du dankbar bist, weitet sich dein Blick.
Die Aufmerksamkeit auf das zu richten, was nicht funktioniert, was du – noch – nicht hast oder kannst, das ist einfach eine Gewohnheit. Und Gewohnheiten lassen sich ändern. Du kannst dich für die Lebensfreude öffnen und die Fülle in deinem Leben anerkennen. So-

fort bist du in der Lage, das Leben zu genießen und die Verbundenheit mit dir und den Menschen um dich herum wahrzunehmen.

Dein »Notfalltäschchen«

Die folgende Anregung hilft dir, ein Täschchen für die Notfälle des Lebens zu packen. Es enthält all die Übungen aus diesem Buch, die besonders gut geeignet sind, dich schnell wieder ins innere Gleichgewicht und in die Selbstliebe zu bringen. Sie wirken wie eine erfrischende Dusche nach einer langen, herausfordernden Wanderung: Du fühlst dich wie neugeboren und kannst dein Leben wieder in seiner ganzen Größe und Schönheit genießen. Mach also möglichst oft Gebrauch davon.

Tipp: Das Notfalltäschchen

Nutze insbesondere diese Übungen so oft wie möglich in deinem Leben – wann immer du dich nicht so gut fühlst und Unterstützung wünschst, aber auch regelmäßig in deinem Alltag. So bewegst du dich nach und nach zur vollkommenen Selbstakzeptanz und hinein in ein erfülltes Leben, das dir voll und ganz entspricht.

* Sich in die Ruhe hineinatmen (Seite 44)
* Atemübung Bhastrika (Seite 45)
* Achtsam für Körperempfindungen (Seite 48)
* Die Ebenen der Achtsamkeit (Seite 51)
* Projektionen zurücknehmen (Seite 65)
* Klärung des Energiefelds (Seite 87)
* Vollkommene Selbstannahme (Seite 88)
* Wünsche wahr werden lassen (Seite 117)

Rückenwind nutzen

Auch wenn du mittlerweile eine Menge Handwerkszeug hast, um dich immer weiter hinein in die Selbstakzeptanz zu bewegen – sei dir gewiss: Du musst deinen Weg nicht allein gehen. Schaff dir ein wohlwollendes Umfeld, das dich fördert. Außerdem gibt es jede Menge geistiger Kräfte, die dich unterstützen. Um sie zu spüren und ihre Hilfe zu erfahren, bietet sich das inspirierte Schreiben an, das ich dir hier zum Abschluss vorstellen möchte. Damit öffnest du die Tür zu einer wohlwollenden höheren Ebene. Bist du bereit?

Inspiriertes Schreiben

Die folgende Übung verdanke ich meiner Freundin und Kollegin Heike Stuckert. Sie kann dir helfen, wenn du auf essenzielle Fragen deines Lebens eine Antwort erhalten möchtest. Du versuchst dabei nicht, sie über deinen Verstand zu erhalten, sondern stimmst dich auf die Ebene der Inspiration ein.

Drei Wahrnehmungsebenen

Wir kennen drei verschiedene Wahrnehmungsebenen. Zunächst die Alltags- und Persönlichkeitsebene: Hier nehmen wir über Gedanken und Gefühle wahr und beziehen uns auf bisher Erlebtes, Gelerntes und Gewohntes.
Die intuitive Ebene: Hier geschieht die Wahrnehmung über eine tiefere Schicht unserer Gefühle, oft sprechen wir auch von »Bauchgefühl« oder eben Intuition.
Die Ebene der Inspiration: Hier öffnen wir uns für ein höheres Wissen, das aus Bereichen kommt, die häufig mit »höherem Selbst«, »spiritueller Intelligenz« oder auch »universellem Bewusstsein« beschrieben werden.

Die Flamme der Inspiration

Die Grenzen zwischen Intuition und Inspiration sind dabei fließend. Man könnte es so erklären: Un-

ser inneres Wissen, unsere Intuition ist wie eine uns innewohnende Flamme. Öffnen wir uns für eine Inspiration, kommt eine höhere geistige, göttliche Ebene wie ein großes Feuer über diese Flamme und vereint sich mit ihr. In dieser Verschmelzung entsteht eine Idee, ein Kunstwerk, ein Geistesblitz, ein innerer Wandel.
Unser Körper und unser Bewusstsein sind jederzeit in der Lage, sich auf eine Inspiration einzustellen. Allerdings muss sich unser System erst an diese erhöhte Frequenz der Wahrnehmung gewöhnen. Daher ist es gut, es richtiggehend zu üben.

Inspiriert schreiben

Ein lohnender Weg, diese Fähigkeit zu trainieren, ist das inspirierte Schreiben. Wir schwingen im Alltag in einer relativ niedrigen Frequenz. Durch eine meditative Öffnung und die Ausrichtung auf die geistige Welt erhöhen wir unsere Schwingungsfrequenz und sind dadurch empfänglicher für ebensolche höheren Schwingungen, wie sie bei der Inspiration entstehen. Unser Bewusstsein und unsere Gedanken können dann völlig andere Impulse empfangen als im gewohnten Modus.
Das Wichtigste beim inspirierten Schreiben ist übrigens das »Nicht-Wollen«. In der Regel versuchen wir, über unseren Verstand Antworten auf unsere Fragen zu finden. Im Lauschen auf Inspirationen geht es jedoch darum, den Verstand zu umgehen. Nichts zu wissen und nichts zu wollen. Die Antwort oder Inspiration kommt dann aus der beschriebenen anderen Seins-Dimension.
Es kann hilfreich sein, dir vor allem anfangs ein Ritual zu gestalten: Du verwendest immer das gleiche Schreibzeug, sitzt am gleichen Platz, zündest eine Kerze an und wählst eine Musik, die dich in deiner Öffnung unterstützt. Als Vorbereitung und zur Einstimmung eignet sich zudem die Übung zu den Ebenen der Achtsamkeit (Seite 51) sehr gut.

Übung: Inspiriertes Schreiben

* Formuliere deine Frage oder dein Anliegen oder bitte einfach um eine Botschaft aus dem Bereich des Geistigen.
* Halte einen Moment inne, schließ deine Augen. Nimm deinen Atem wahr. Lass jedes Wollen los, lausche, so als wolltest du eine ganz leise tickende Uhr orten. Wann immer eine innere oder gedankliche Anstrengung entsteht, besinne dich auf deinen Atem und komm zurück zum Lauschen.
* Nun bitte deine geistige Begleitung oder dein Höheres Selbst, da zu sein und dir zu antworten. Auch wenn du sie nicht bewusst wahrnehmen kannst, vertraue darauf: Sie sind da, um dich zu unterstützen.
* Schreib nun alles nieder, was dir in den Sinn kommt. Ohne Bewertung oder Anspruch auf Richtigkeit. Was das Empfangene für dich und deine Fragestellung bedeutet, erschließt sich oftmals erst hinterher.

Die Botschaften nutzen

Vielleicht ist es am Anfang etwas ungewohnt, dich auf diese Art von Botschaften einzulassen. Erlaube dir, es spielerisch anzugehen und es einfach auszuprobieren. Vielleicht machst du dann auch die Erfahrung wie eine Seminarteilnehmerin von mir: »Ich dachte, ich kann das nicht. Doch dann habe ich mich einfach mal mit meinem Schreibzeug hingesetzt und mich geöffnet. Auf einmal flossen die Worte ganz von allein aufs Papier, und als ich das Geschriebene später durchgelesen habe, war ich ganz erstaunt von der Weisheit, die in diesem Text enthalten war. Mittlerweile nutze ich diese Übung regelmäßig.« In diesem Sinne möchte ich mit einem Satz meines indianischen Lehrers Manitonquat enden: »Wenn du wissen möchtest, was du tun kannst, frage dein Herz. Wenn du wissen möchtest, wie du es tun kannst, frage deinen Verstand.« Und ergänzen möchte ich: Wenn du beides getan hast, dann vertraue dem Leben und deiner göttlichen Führung. Erlaube dir immer mehr und ganz intuitiv deinen Weg zu gehen und dem Fluss des Lebens zu vertrauen. Es ist alles in dir. Und du hast jetzt auch die Werkzeuge, die dich dabei unterstützen. Go for it!

Alles Gute!

Ich hoffe, dass die Anregungen in diesem Buch dich dabei unterstützt haben, deinen ganz persönlichen Weg in deine Kraft und Selbstliebe zu finden. Nutze die Übungen und dein Forschungsbuch weiterhin, um dranzubleiben und um ein immer tieferes Verständnis für dich zu entwickeln. Dadurch wird auch das Ja zu dir immer größer.

Zum Abschluss lade ich dich ein, dir ein neues Forschungsbuch zuzulegen, diesmal, um deine Erfolge einzutragen. Nimm dir jeden Abend etwas Zeit und trage in dieses Erfolgs-Tagebuch ein, was dir an diesem Tag gut gelungen ist, wofür du dich selbst anerkennst, welche Wünsche sich erfüllt haben und wofür du dankbar bist. Wenn du dies eine Zeit lang regelmäßig machst, wirst du bemerken, wie sich dein Fokus verlagert. Du erkennst, welche Fülle es in deinem Leben gibt und beginnst diese immer mehr wertzuschätzen. Und da »Gleiches Gleiches anzieht«, wirst du damit immer mehr Liebe und inneren und äußeren Reichtum in dein Leben ziehen.

»In einem dankbaren Herzen herrscht ewiger Sommer.«

Celia Layton Thaxter

Danke!

Hier schließt sich der Kreis zum Anfang des Buches: Dort habe ich aufgezeigt, wie wichtig es ist, uns selbst dankbar zu sein. Das ist die Basis. Und gleichzeitig gilt: Allein hätte ich es nie geschafft!

Deshalb danke ich an dieser Stelle von Herzen all den Menschen in meinem Leben, die mir mit ihrer Liebe und Unterstützung zur Seite stehen, besonders meinem Mann Thomas, meinen Freundinnen und Wegbegleitern. Ich danke dem Leben, das es so gut mit mir meint. Und ich danke den Kräften in der geistigen Welt, die mich immer treu begleiten.

Ich danke Colin Tipping dafür, dass er die Radikale Vergebung und alles, was daraus entstanden ist, in die Welt gebracht hat.

Ich danke Anja Schmidt für den Impuls zu diesem Buch. Ich danke Dr. Diane Zilliges für ihre wertvollen Anregungen und Beiträge zum Gelingen dieses Buches.

Und natürlich danke ich auch dir, liebe Leserin, lieber Leser, dafür, dass du bereit warst, dich auf diese Reise zu dir einzulassen. Ich wünsche dir, dass du dein Licht leuchten lässt und damit auch andere inspirierst, dies ebenfalls zu tun. Danke, dass ich dich ein Stück deines Weges begleiten durfte!

Zur Autorin

Hina Fruh, Jahrgang 1959, ist ganzheitliche Therapeutin und Heilpraktikerin für Psychotherapie. In ihrer Praxis begleitet sie seit 25 Jahren Einzelpersonen und Paare und bietet darüber hinaus Seminare und Workshops zu verschiedenen Themen an.

Ihr Interesse an Körperarbeit, Tanz, Meditation und Selbsterforschung hat sie schon früh zu verschiedenen Lehrern und Lehren geführt. Rituale nahmen und nehmen in ihrer Arbeit schon immer einen großen Stellenwert ein. Sie absolvierte die vielfältigsten Ausbildungen und Trainings, um sich selbst und vor allem aber auch ihre Klienten optimal unterstützen zu können.

2005 gründete sie gemeinsam mit ihrem Mann die Akademie für Transformation. Die Akademie steht für eine integrale Sichtweise und den Glauben, dass wir uns lebenslang weiterentwickeln.

Ein Schwerpunkt ihrer Arbeit ist die Tipping-Methode. Hina Fruh und Thomas Kiehl-Fruh vertreten diese Methode exklusiv für Deutschland, Österreich und die Schweiz und bilden auch zum Coach in dieser Vergebungsmethode aus.

Bücher, Musik und Adressen

Bücher aus dem Gräfe und Unzer Verlag

Lucia Scholz: Nutze die Kraft deiner Gefühle

Safi Nidiaye: Die zehn Herzensschlüssel

Bücher aus anderen Verlagen

Colin Tipping: Ich vergebe. Kamphausen

Colin Tipping: Radikale Selbstvergebung. Integral

Colin Tipping: Vom Herzenswunsch zur Realität. Kamphausen

Colin Tipping: Wachsen in der Liebe. Integral

Debbie Ford: Schattenarbeit. Goldmann

Veit Lindau: Heirate dich selbst. Kailash

Neale Donald Walsch: Ich bin das Licht. Edition Sternenprinz

Sarah Silverton: Das Praxisbuch der Achtsamkeit. Kösel

Liv Larsson: Wut, Schuld und Scham. Junfermann

Varda Hasselmann, Frank Schmolke: Welten der Seele. Goldmann

Diana Richardson: Zeit für Liebe. Innenwelt

Unterstützende Musik

Karen Taylor Good: Into the Light

Gila Antara: Ruf meiner Seele und Erde meine Mutter

Deuter: Empty Sky

Website

Um dich auf deinem Weg zu unterstützen, findest du auf meiner Website verschiedene Arbeitsblätter zum kostenlosen Download: **www.hinafruh.de.**

Außerdem findest du dort:

* Weitere Musik- und Buchtipps
* Den Link zu unserem Shop, in dem du viele der erwähnten Bücher und CDs bestellen kannst.
* Ein Online-Programm zum Thema »Selbstvergebung und Selbstakzeptanz«

Seminare

Das Seminar »Auf dem Weg zu dir« kann eine gute Möglichkeit sein, den eingeschlagenen Weg weiter zu vertiefen. Im Zusammensein mit Gleichgesinnten, die Kraft der Gruppe und der kompetenten Begleitung nutzend, werden selbst die schwierigsten Themen einfacher und die Transformationsenergie wird verstärkt.

Coaching

Ein Coaching bei einem lizenzierten Tipping-Coach kann dich bei besonders schwierigen Themen unterstützen oder wenn du das Gefühl hast, allein nicht weiterzukommen. Außerdem tut es einfach gut, nicht alles allein schaffen zu müssen!

Eine Liste der Coaches findest du auf **www.tipping-methode.de.**

Register der Übungen und Reflexionen

Selbsttests

Sich selbst besser kennenlernen

Selbstliebe entwickeln

Atemübungen

Altes transformieren

Beziehungsarbeit

Potenzial entfalten

LEICHTER DURCHS LEBEN
DEIN DIGITALER COACH
FÜR MEHR BALANCE
GU BALANCE
www.gu-balance.de
JETZT 10 TAGE
KOSTENLOS TESTEN
www.gu-balance.de
BESSER ESSEN
MIT SPASS BEWEGEN
ENDLICH ENTSPANNT
FÜR:

IMPRESSUM

Projektleitung: Marline Ernzer

Lektorat: Dr. Diane Zilliges

Bildredaktion: Julia Fell

Layout & Umschlaggestaltung:
independent Medien-Design GmbH,
Horst Moser, München

Bildnachweis
Cover und U4: shutterstock
Innenseiten: 500prime (S. 6, 110),
plain picture (S. 54), Stocksy (S. 2, 18)

Syndication: www.jalag-syndication.de

Satz: Knipping Werbung GmbH, Berg

Herstellung: Susanne Mühldorfer

Reproduktion: Longo AG, Bozen

Druck: Printed in China

ISBN 978-3-8338-3812-5
1. Auflage 2015

Die GU-Homepage finden Sie unter:
www.gu.de

www.facebook.com/gu.verlag

QUALITÄTS GU GARANTIE

Liebe Leserin, lieber Leser,

haben wir Ihre Erwartungen erfüllt? Sind Sie mit diesem Buch zufrieden? Haben Sie weitere Fragen zu diesem Thema? Wir freuen uns auf Ihre Rückmeldung, auf Lob, Kritik und Anregungen, damit wir für Sie immer besser werden können.

GRÄFE UND UNZER Verlag
Leserservice
Postfach 86 03 13
81630 München
E-Mail:
leserservice@graefe-und-unzer.de

Telefon: 00800/72 37 33 33*
Telefax: 00800/50 12 05 44*
Mo–Do: 8.00–18.00 Uhr
Fr: 8.00–16.00 Uhr
(gebührenfrei in D, A, CH)*

Ihr GRÄFE UND UNZER Verlag
Der erste Ratgeberverlag – seit 1722.

GRÄFE UND UNZER

Ein Unternehmen der
GANSKE VERLAGSGRUPPE